书山有路勤为径，优质资源伴你行
注册世纪波学院会员，享精品图书增值服务

超越绩效

用OKR业务实战经验
打造高敏捷团队

王怡淳◎著

OKR

电子工业出版社
Publishing House of Electronics Industry
北京·BEIJING

图书在版编目（CIP）数据

超越绩效：用 OKR 业务实战经验打造高敏捷团队 / 王怡淳著 . —北京：电子工业出版社，2023.11
ISBN 978-7-121-46651-9

Ⅰ . ①超… Ⅱ . ①王… Ⅲ . ①企业管理 Ⅳ . ① F272

中国国家版本馆 CIP 数据核字（2023）第 217221 号

责任编辑：吴亚芬 特约编辑：王 璐
印 刷：天津千鹤文化传播有限公司
装 订：天津千鹤文化传播有限公司
出版发行：电子工业出版社
 北京市海淀区万寿路 173 信箱 邮编：100036
开 本：880×1230 1/32 印张：6.25 字数：200 千字
版 次：2023 年 11 月第 1 版
印 次：2023 年 11 月第 1 次印刷
定 价：59.00 元

凡所购买电子工业出版社图书有缺损问题，请向购买书店调换。若书店售缺，请与本社发行部联系，联系及邮购电话：（010）88254888，88258888。

质量投诉请发邮件至 zlts@phei.com.cn，盗版侵权举报请发邮件至 dbqq@phei.com.cn。

本书咨询联系方式：（010）88254199，sjb@phei.com.cn。

　　Chris（王怡淳）是我之前在英特尔战略合作部门的同事。他是一位富有洞察力和善于鼓舞人心的领导者，当我收到Chris邀请我为他的新书撰写推荐序时，我感到非常兴奋。

　　多年来，对于OKR与其他绩效管理系统的差异，市场上已有许多书籍及论述。在他的新书中，我很好奇Chris会带来哪些新颖独特的见解。

　　阅读了Chris的这本书之后，我对如何成功地将OKR作为组织战略来实施，得到了许多重要的新视角。我长期以来一直使用OKR，这本书确实帮助我更有效地运用OKR来实现团队的使命。

　　这本书和其他书的不同点是，它没有出现参考文献；相反，Chris分享了他在英特尔成功实施OKR的第一手经验。这呼应了OKR的本质：不是纸上谈兵，而是落地实践！这本书提供了关于OKR定位和工具的全面描述，帮助团队成功执行这套方法论。例如：

　　（1）它厘清其他书籍没说清楚的OKR要点，如为什么

OKR 必须与绩效考核挂钩。

（2）它提供了实际案例研究，说明如何有效地实施 OKR，包括 Chris 在最初对 OKR 知之甚少时，如何成功应对跨部门合作的挑战。

（3）它点出了市场对 OKR 的错误观点，如认为团队人员的素质水平不高，所以不适合导入 OKR。

我在英特尔服务的 20 年期间，从一个初级员工逐步晋升为高层领导者，我和我的团队很大程度上依赖 OKR 实现目标和推动结果。在这段时间里，我目睹了 OKR 方法论的演变。绩效管理不能一成不变，它们必须依据市场发展、企业文化及地区性哲学的细微差异而调整。

Chris 在更新我们对 OKR 方法论的理解这部分，做得非常出色。更重要的是，针对 OKR 如何以战略框架来实现公司最大潜力，提高了我们的理解程度。Chris 的这本书不仅提供了优化组织绩效的新方法，还提供了必要的工具和具体步骤，以加强团队和个人的竞争力。

我要感谢 Chris 写下这本书，并祝愿他的所有读者在运用书中分享的智慧时，拥有好运。

英特尔前战略合作部门总经理　Keith Shea

10 多年前 OKR 被引进中国，许多企业争相导入使用，然而，却有相当多的实施案例，以失败遗憾告终。企业界的高管朋友告诉我，在他们研读了相关图书或认真学习了专家的课程之后，依样画葫芦地准备大展身手时，却吃惊地发觉，接不上气，落不了地。随后呼气大叹，这是西方国家的管理工具，不适合咱们中国吗？

近 15 年来，在我服务于微软和英特尔期间，OKR 确实在"聚焦、当责、协作、沟通、达标"的绩效管理方面，大大提高了团队的业务能力，不仅有效地提高了组织的执行效率，而且提高了工作伙伴的项目管理专业能力及整体团队的绩效，使团队在面对挑战、适时完成任务和达到各方关系利害人的期望值方面收获颇多。

除了"天、地、人"必需的关键因素之外，为何大家努力不懈之后，结果却不尽相同呢？Chris 的这本书给了答案："虽说 OKR 的思考核心和执行策略，放之四海而皆准，然而因为每个地区、组织和团队所侧重的工作文化与目标不同，所以所实施的策略和执行方法、节奏、速度、力道皆不尽相同。"

英特尔是 OKR 的发源地，这套用于组织发展的管理战略，已经在英特尔实施了 50 多年。在这本书中，Chris 通过精练总结他在中国和美国等地卓越地实践原汁原味 OKR 的经验，为大家提供了已在中国验证成功的策略和案例。相信通过阅读这本书，不仅可以使你避免陷入 OKR 的误区中，而且可以帮助正在评估绩效目标管理工具的你，应对挑战，超越绩效。

Dr. Benny Wang

英特尔前国际客户营运总监 / 亚太区卓越技术推广中心

云端首席专家、微软前亚太区业务技术总监

带你体验原汁原味的OKR，从观念突破到实务操作

OKR 金句

> 学习真正的OKR，需要了解它的"道"与"术"，也就是执行上所需之心法、技法和工法。

2006年，当我第一天到英特尔报到时，就被要求制订个人的季度工作计划。当时我慌了，因为在过去的工作经历中，我都是执行上级交代的任务，从来没有给自己制定过计划和目标，而且对公司业务和环境都还很生疏。而这是我职业生涯中第一次接触目标与关键成果法（Objectives and Key Results，OKR）。

那是我第一次听到OKR这个词，并开始了解什么是OKR。那时我才知道，市场上所说的OKR，就是英特

尔内部所说的英特尔目标式管理法（Intel Management by Objectives，iMBO），而外界所说的 OKR 创始人，就是英特尔前总裁安迪·格鲁夫（Andy Grove）。

而约翰·杜尔（John Doerr）——这位被市场称为"OKR 推手"的英特尔前员工，他的著作《这就是 OKR》（*Measure What Matters*）一书所描述的 OKR 价值与内涵，则是我在英特尔服务 13 年期间，每天所经历的组织运作与领导管理实践的纲领和指南。这也似乎在冥冥中引导我后来成为 OKR 的顾问教练。

2018 年下半年，我离开英特尔，选择在领导管理、组织战略领域与企业交流过去职场上的管理经验。2019 年，我有机会为北京一家旅游互联网集团分享 OKR 的实战经验。自此，我开启了 OKR 的专业顾问之路。

OKR 理论众说纷纭，可惜不够全面

目前，市场上关于 OKR 的中文图书超过 30 本。关于这些图书，有些是从西方或日本引进的从职场生态的角度描述 OKR 的翻译书，有些则是从人力资源或学术背景的角度来

诠释的理论与实践图书。对于 OKR 的定位理念和实务操作众说纷纭，并且和我在英特尔所经历的 OKR 差异很大。目前，这些图书的内容大多偏重 OKR 目标设定和 OKR 实施后企业的美好境界，但对于落实导入的心法、技法和工法，以及实战案例的描述，着墨有限。

这些年，在和许多企业主的交流中，我得知他们其中有不少人是通过看书、上网学习等方式导入 OKR 的。他们希望在导入 OKR 后快速地看到效果，但最终不如预期，于是认为 OKR 不适合他们的企业。这类企业因此将 OKR 视为西方"高大上"的管理理论（我不认为 OKR 是理论），而认定它无法落实于国内企业，令我深感遗憾。

究其原因，主要是他们误解了 OKR 的含义与精髓，错将这套源自西方的组织管理战略，一股脑儿地套入国内企业的组织运作中。

基于辅导企业导入 OKR 的经验，我观察到市场上需要一本从本地社会教育和企业氛围的角度，基于实战经验剖析 OKR 的书。在本书中，希望借由我辅导企业的经验和在中国及美国等地亲身验证过的原汁原味的 OKR 经历，让大家对 OKR 有正确、全面且深刻的认知，降低成为"小白鼠""摸着石头过河"的风险。

本书适合企业主、管理者、人力资源管理者等阅读

关于 OKR 的制定目标（Objective）与关键成果（Key Results）的思考模式，有助于训练个人的思考与推理能力，引导其从更宽广的角度评估并解决问题。

对企业而言，因为 OKR 是"众人的管理"，所以它的复杂度远高于个人的应用。在企业，人们不仅需要学习 OKR 目标设定，还需要学习目标执行与查核所需的方法。

无论是企业管理者、人力资源管理者还是一般职场人士，都可以从本书所提供的 OKR 方法论（1 核心 +2 方针 +3 精髓 +4 策略 +5 能力）中了解职场管理的新趋势，进而评估调整自身的工作心态与竞争力。

同时，本书可以帮助企业进行组织转型、人才识别，激发组织活力。此外，对于 OKR 是否适合某个企业、要如何导入、导入时会遇到什么困难、要如何解决问题等，本书也都有深入的剖析。

从观念突破到实务操作：从与一家企业的对话中揭开 OKR 的重重迷雾

2021 年中秋节过后，我到了上海工作。此时，我看见两则消息：一是上海中学国际部小学六年级学生开始学习 OKR；二是微软收购 OKR 初创公司 Ally.io，其中媒体引述的收购原因是"因远程办公成为未来工作趋势，微软将强化旗下生产力工具"。

当时我就想起了合作伙伴对我的提醒："Chris，过去这两年，OKR 在中国市场上的杂音很多。和合作机构见面时，要怎么凸显我们的价值？之前在安排和北京、上海、广州的咨询机构的高层会面时，对方一听要谈 OKR，大多表示兴趣不大，直到我强调你过去服务于英特尔，对 OKR 的看法不同，他们才答应见面。"

此时，我被搞糊涂了，这市场究竟是怎么一回事？

直到有一次，在踏进合作方的会议室，与对方的市场负责人简单寒暄两句后，我们直接切入主题……

对方市场负责人表示："Chris 老师，不知道您怎么看

OKR 的发展？不过，在您回答之前，我想先说两句。我做培训 15 年了，大概在 5 年前，有一些企业开始向我们询问 OKR 的相关概念和培训，那时 OKR 还是比较新的。而 OKR 的发展现状，一是已经过了知识普及的阶段；二是客户在导入 OKR 后，出现了很多问题，有很多企业都实行不下去了。因此，现在的中国市场对 OKR 的疑问越来越多，甚至认为 OKR 是西方国家的东西，和国内的既有制度接不上，没法用。虽然像这样的抱怨这两年来从没停止过，但当下市场对 OKR 的需求还是很大的，因为我们依然收到了不少客户对 OKR 的相关咨询。说真的，我们现在也不知道怎么处理。找以前合作的老师吧，我们担心出现之前的不好结果。但生意都已经送上门了，往外推也不是办法……"

听完这位负责人的话，我微笑着说："我觉得需要先快速地谈谈我对 OKR 的理解。"

在 30 分钟简单的展示结束后，这位负责人表示："您谈的 OKR，不像绩效管理，好像是目标管理的上一层，比较像组织发展（Organization Development，OD）或组织战略之类的理论。"

我回答道："这是我在英特尔工作了 13 年的精练总结。OKR 是团队为了达到目标、完成使命所需要的管理思考和执行的组织战略。"

对方又问道："但 OKR 被市场归类为绩效管理或目标管理，您认为适合吗？"

我回答道："坦白说，这些归类应该是出于市场推广的考虑，又或者是因执行者对 OKR 的理解不同所造成的。我认为 OKR 与目标管理的联结性比较高，是一套为达成目标而形成的组织战略。因为这个战略执行得当，所以绩效得到了提升。这是因和果的关系。"

对方又问道："外界提到 OKR 不能与绩效评估挂钩，您觉得这个说法对吗？"

我回答道："从过去成功导入 OKR 的企业案例来看，OKR 必须和绩效挂钩。OKR 的思路是做重要的事，但如果对于最重要目标的达成结果，没有绩效奖惩，那将如何激发员工完成目标的动力呢？ OKR 强调内在动机的展现，如果没有绩效评估考核的外在动机支撑，内在动机很难持续。"

对方再问道："按照您这个逻辑，不论哪种企业、何种'体质'，只要有组织痛点，都可以采用 OKR 的解决方案？"

我回答道："没错，OKR 提供不同的解决方案，也就是我刚刚提到的三大精髓、四大策略。企业可以针对不同的痛点或急需解决的难题，采用 OKR 不同的精髓与策略解决方案，分批次、分人员、分阶段实施。"

对方继续问道："您所说的 1 核心——人才辨识是什么

意思？和人才测评是什么关系？”

我回答道："团队经过三大精髓和四大策略的组织运作，可以看出成员所展现的5种能力，以此来作为人才辨识的重要参考。这是实地实境的能力测试，可以结合人才测评系统，为企业找到合适的人才。"

最后，对方负责人终于说道："您说的这套OKR方法论，我是第一次听到。我现在知道那些先前客户导入OKR时被卡的问题该怎么解决了。"

你真的搞懂 OKR 了吗

在中国，许多企业主阅读了约翰·杜尔所著的《这就是OKR》一书后，对OKR能活化团队、提升效率的方式趋之若鹜。而这个方式正是基于20世纪70年代英特尔前总裁安迪·格鲁夫提出的OKR概念。

- Objective：你想实现的特定目标或承诺。
- Key Result：为了实现目标，必须交付可以看到的、可衡量的结果。

除了以上字面上的定义，OKR 还引领英特尔的团队学习并掌握了以下技能。

- 如何在动态环境中，让自己的工作与公司部门的目标保持一致。

- 如何在自己、主管和跨部门利益相关者之间，建立对绩效的共同期望。

- 如何提升绩效反馈的效益。

- 如何完善与跨部门利益相关者之间的协调沟通。

面对 OKR，许多企业都遭遇了"见树不见林"的困境。他们将 OKR 的重点局限于作为"目标设定"的工具，因此花了大把时间学习目标和关键成果的设定及关联性，却忽略了 OKR 真正的含义。大家是要学习用"OKR 方式"管理团队，而不是学习用"OKR 目标"管理团队。

而对于我所经历和认知的 OKR，如果想发挥它的效能，必须从团队运作的角度导入，从实战中学习，从过程中验证，并且从变化中调整。针对 OKR 这套组织战略，企业有效实施的关键在于，知道制定的目标如何应对内外部的挑战、如何找到执行的关键路径与持续的动力，以及如何将其嫁接到绩效激励制度中。这正是本书的重点。

本书的特色与使用方法

正因为许多企业误解了 OKR 的真正含义，以至在组织改造上异常难行，而本书是一本解析 OKR 实务操作的书。我基于在英特尔工作的 13 年经验，通过实务案例的撰写模式，从实战角度说明如何以 OKR 的三大精髓（自下而上、少就是精、公开透明）为基础，与目标视野、合作共赢、激励担责、引导反馈四大执行策略交互运作，让你掌握管理者和下属必须具备的 OKR 组织运作的"道"与"术"。

许多人会拿 OKR 和 KPI（Key Performance Indicator，关键绩效指标）做比较，将 OKR 视为目标设定的工具。但从我在英特尔的经历来看，OKR 的含义与应用远超过目标设定。因此，在本书中出现的 OKR 一词，大多是指组织管理战略；若是单纯指目标，将以 OKR 目标一词表示。另外，为符合团队导入 OKR 的真实情境与说法，本书中以 O 代表目标，以 KR 代表关键成果。

OKR 的思考核心和执行策略，放之四海而皆准。从我在英特尔亚太区的经历，以及欧美团队的运作来看，每个地区和团队侧重的精髓与策略、执行手法、速度、力道都不尽相同。

本书提供的案例、策略、方法、步骤，每项都是一种工具。每种工具都有独特的用处，但你不一定都要用到。在阅读本书的过程中，你不妨先思考企业所处的国家、组织文化、运营痛点、部门属性、团队体质，以及对应的需求与情境，再选择合适的工具导入 OKR。

本书共有 6 章，简单说明如下。

第 1 章介绍了 OKR 的定义与哲学、与其他管理方式的差异，以及我在英特尔历练后所精练的 OKR 方法论：1 核心 +2 方针 +3 精髓 +4 策略 +5 能力。

第 2 ～ 5 章分别介绍了 OKR 方法论中的四大策略，包括执行方法、步骤与案例。

第 6 章提供了企业导入 OKR 的案例，以此说明 OKR 对企业各层级的价值影响，并针对企业经常遇到的迷思与困惑，提出了解答与建议。

最后，感谢电子工业出版社编辑吴亚芬女士的指导，以及我的助理廖沛绮女士和好友徐端仪女士的协助，让本书得以顺利出版。感谢我的家人。感谢 Benny Wang 先生、薛宝源先生、李绍晖先生、华人讲师联盟创会长张淡生、DDI 中国台湾地区董事总经理李岳伦、罗亦耀老师、乔安妮老师、蔡茂贤先生、许其先生和杨彬女士，你们在我的职业生涯和顾问教练的跑道上为我提供了很多契机与支持。

第 **3** 章 | 激励式担责：OKR 的担责策略

→ **团队领导如何带领团队转型为 OKR 团队**

OKR 团队运行的四大步骤与四大调整 / 084

第6章 以终为始的"最后一千米"：推动 OKR 落地

第 **1** 章

OKR 浪潮下的管理战略

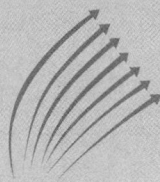

VUCA 时代的职场新局面

OKR 如何解决当前企业面临的内外部挑战？它与一般管理模式的差异是什么

OKR 金句

> 你不需要放弃现有的管理模式，而是融合 OKR 的思考核心与执行策略，打造适合企业的最佳管理方式。

为什么现在很多企业争相学习 OKR？这要从企业当前面临的内外部挑战谈起。

谈到 OKR，不能不提到 VUCA 现象，VUCA 源于 20 世纪 90 年代美国的军事用语，代表 Volatility（易变性）、Uncertainty（不确定性）、Complexity（复杂性）、Ambiguity（模糊性）。2015 年前后，VUCA 再度被提出，企业界认为当今的商业环境像战场一样诡谲多变，敌我状况极不明确。从 2015 年到现在，人们面临的企业经营环境，究竟发生了什么变化？

内外部环境挑战

外部环境变动异常严峻

电商的崛起让传统店面逐渐消失，取而代之的是平台的经营模式。而人工智能、大数据、云计算及物联网等新科技的兴起，改变了人们的生活习惯，也颠覆了既有的商业模式。

举例来说，过去企业在电视和平面媒体上投放产品的广告，现在逐渐转变为通过主播、意见领袖（Key Opinion Leader，KOL）和网红等代言产品，直接吸引目标族群的注意力，刺激他们的购买行为。过去的交货付款模式，也普遍改用第三方平台的现金流和物流服务。商业模式和使用习惯的创新，加速了企业"跨界打劫"的思维转型。

曾经是方便面领域龙头企业的康师傅，因外卖平台的崛起而导致营收大幅下滑。微信、支付宝等科技服务纷纷进入电子支付领域，对传统金融业造成了冲击。这些"跨界打劫"的案例层出不穷。很多企业主现在晚上睡不着觉，并不是担心已知的竞争对手会出什么招，而是不知道潜在的竞争对手在哪里，以及他们会用什么竞争方法。企业正面临一个高度不确定的经营环境。

企业的应对之道，是活化组织，让市场第一线人员的意见能快速地传达到经营高层，以便企业及时应变。而OKR的价值，正是协助企业打通"任督二脉"，将末梢神经与中枢大脑畅通无阻地联结起来。

内部面临新世代价值观的挑战

我观察到，有越来越多20～30岁的新世代加入团队，弗雷德里克·赫茨伯格（Frederick Herzberg）的双因素理论的人生哲学、工作哲学更重视认可、尊重、责任与自我实现。人们的想法多元新颖，期待能和领导商量讨论，希望自己的意见被听到，能够拥有空间、舞台来展现想法和才能。他们不喜欢只扮演听命行事的角色，对制式无弹性的工作环境敬而远之。

再过5～10年，这群新世代即将成为企业的中坚力量，扮演重要角色。但企业的组织管理模式是否进行了相应的调整？

面临上述内外部挑战，企业这些年来开始评估数字转型和敏捷组织等工程，希望提高企业察觉内外部环境变动的灵敏度，以及调整方向策略的速度。而能否优化灵敏度与速度，关键在于企业是否具有以内在动机为起点，以绩效评估为激励配套措施，强化组织担责态度及团队效率活力的组织发展战略。

越来越多的企业主发现，OKR 就是能够很好地应对以上内外部挑战的一套组织发展战略。

OKR 和一般管理方式的差异

在实务上，OKR 和其他管理方式有 3 个主要差异。

OKR vs 一般管理方式：OKR 可以激发内在动机

英特尔 2018 年的一项员工问卷调查结果显示，下属认为自己最能够被激励的前 3 个因素是：①有趣的工作；②完成工作后所获得的感谢；③工作取得进展。此问卷调查的受访人员平均年龄为 29.8 岁。

将该调查结果结合双因素理论来分析，可以发现下属的期待与个人的内在动机相关，他们更希望从工作中获得乐趣、成就感及认同感。在 OKR 组织运作过程中，从目标设定阶段就呼应了对内在动机的需求。

可以将 OKR 目标的本质分为两种。

（1）承诺型目标：自上而下，是公司、主管要求员工实现的目标。

（2）挑战型目标：自下而上，针对上级指派的目标内容，自己调高结果指标；或者由员工自己制定对公司部门有贡献并能挑战自己的目标内容。

而鼓励制定挑战型目标，正是促进员工展现内在动机的方式。

OKR vs 一般管理方式：设定目标的心态与思维大不同

以"将客户满意度提高到 90%"的目标为例。一般管理方式下的团队成员，看到这个目标的第一个念头是："怎么执行？"随即列出相关的任务表，力求完成指标。这是"任务导向"的思维，大家心里想的是"领导给我的目标是什么""要做到什么程度领导才会满意""领导如何考核我的工作表现"，而较少思考"完成这个目标的意义是什么""是否有别的目标更值得达成"。

而 OKR 团队的思维是："去年提高客户满意度的目标已经达成。在今年的市场环境下，将满意度提高到 90% 有必要吗？除了客户满意度，是否还有其他更重要的目标可以提升公司和部门的竞争力，如扩大客户服务的规模？"OKR 鼓励团队成员集思广益，在符合企业战略方向的前提下，提出不同视角的想法和建议，将目标内容设定得更有意义和影响力，这是"价值导向"思维。

OKR vs 一般管理方式：信息公开方式、团队管理策略大不同

我以自己入职英特尔第一天的经历为例来讲述这一点。我报到的第一天，领导在美国，但他没让我第一天就闲着，而是提早安排我和一位不同部门、但与他同级别的领导进行一对一会议。那位领导踏进会议室简单寒暄后，打开计算机熟练地说明他的部门这一年的目标、要达成的结果、内外部的合作对象，以及目前的进度和遇到的困难。过了半小时，他停下来问我有何想法和建议。这是我进英特尔的第一天，对业务和市场生态都很生疏，当下没有想法，只好说："下周我主动和您约个时间，向您说明我的想法。"

会议结束后，我急忙在公司的即时通信（Instant Messager，IM）系统中问领导：下一步我该怎么做？他只简短地回复："你先了解对方部门和我们部门的年度目标，下周一提出你个人的工作目标。"我看了他的信息，大脑里一片空白。我过去的工作经历都是执行上级交代的任务，从来没有自己制定过目标。何况这是我入职的第一天，完全不知道从何开始。

于是我追问领导："要如何准备？"他还是非常简短地回答："Circuit（英特尔内网）上面有很多信息可以参考。如果还有其他问题，再找我。"接下来一周，我从公司内部系统中查询双方部门的目标动态和业务信息，找其他同事交流，最后和领导讨论后，完成了人生中第一个自己制定的工作目标。

以上案例说明 OKR 团队运作的 3 个方面。

1. 横跨部门的合作层级

那位和我一对一面谈的领导，高我两个级别。在 OKR 组织中，只要你是项目的区域负责人，无论跨部门合作方的级别是什么，彼此在工作配合上都没有差别待遇。

2. 自下而上自定义目标

领导并未影响我如何制定目标内容，而是期望我先了解公司部门的方向策略，在我定出目标后，再与他讨论交流、沟通协调，然后确定。

3. 团队沟通反馈方式

公开透明的内部系统是 OKR 组织实时了解部门动态的最佳工具。此外，领导视我为目标的负责人，他扮演的是辅助引导角色，而未指示我应该如何行动，以这种方式培养我担责的心态与做法。

OKR 的组织形态——正金字塔形

一般而言，其他管理方式的组织形态像倒立的金字塔，层级越低，发挥的空间越小，绝大部分成员都属于执行角色，每一层级能想的都比上一层级少。这种组织形态的缺点是团队各层级的思考受到局限，无法突破创新。

OKR 的组织形态是正金字塔形，高层的战略方向像塔尖，是下层员工遵循的框架，每个层级都有自己思考与执行的空间。随着层级的迭代，整个组织累积的思考深度与广度，往往超越高层所能触及的面，这将有利于企业应对市场高度不确定这一挑战。

因此，OKR 能够让每位团队成员不只是领取目标，更让他们延伸到提出建议、自定义目标，将团队从执行任务思维转变成创造价值导向。

OKR 与其他管理方式的组织形态对比如图 1-1 所示。

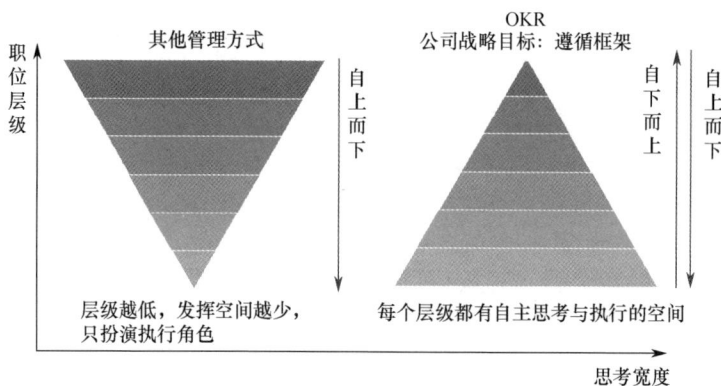

图 1-1　OKR 与其他管理方式的组织形态对比

OKR 的哲学

OKR 的源起、含义、迷思及对个人的实用价值

OKR 金句

OKR 的定义是以内在动机为起点，以目标与关键成果为导向，以"1 核心 +2 方针 +3 精髓 +4 策略 +5 能力"为执行架构，帮助团队聚焦、担责、合作。

OKR 到底是什么呢？有必要从它的起源谈起。

目前市场上所谈的 OKR，有学术派、人资派和实战派之分，从经营策略、绩效管理、目标管理、过程管理等不同的角度阐述。OKR 从英特尔传到谷歌后，又被其他理论工作者重新诠释。这些年来，OKR 似乎成为显学，但对 OKR 的理解，依然是众说纷纭。那么 OKR 到底是什么？可从OKR 发展进程中的 3 位关键人物说起。

第一位是彼得·德鲁克（Peter Drucker），他是"目标管理之父"，创立了目标管理（Management by Objective，

MBO）理论。他认为企业经营必须以绩效为出发点，注重员工的自我实现和自我管理。

第二位是英特尔前总裁安迪·格鲁夫，他被人们尊称为"OKR 之父"，他是 OKR 的创始人。20 世纪 70—80 年代，他以德鲁克的 MBO 理论作为管理英特尔的基础，同时提出 OKR 的概念，将 OKR 与 MBO 融入英特尔的管理制度，在英特尔内部称之为"英特尔目标管理"（Intel Management by Objective，iMBO）。

第三位是约翰·杜尔，市场认为杜尔是 OKR 的推手。他与格鲁夫在英特尔共事过，十分推崇格鲁夫推行的管理制度。杜尔在投资谷歌时，强烈建议谷歌创始人采用 iMBO（OKR 方式）管理企业。

"2 个关键词是目标与关键成果。目标是方向。'我们想主导中型计算机零件业务'，这是我们的目标、我们想去的方向。本季度的关键成果'取得 10 个 8085 的新设计'，这是一个关键成果，是一个里程碑，和目标不一样。这个里程碑要能够被衡量。关键成果必须是可以衡量的，最终你可以毫无疑问地说'我完成了'或'我没有完成'。有或没有，很简单，没有争议。"

以上是安迪·格鲁夫在 20 世纪 70 年代提出的 OKR 概念，沿用至今。在英特尔内部，人们习惯以 iMBO 代替

OKR 来沟通。

"你今年的 iMBO 是什么？" 这是每年 1—3 月英特尔员工见面时常听到的开场白。在英特尔，制定目标时，需要先了解公司与事业部的经营目的（Goal）、战略（Strategy）、战术（Tactics）和项目（Project）等。

OKR 的含义

实务上，英特尔的 OKR 的含义包括以下两部分。

（1）以制定目标、关键成果为导向。

- 目标（Objective，O）：你想实现的特定目标或承诺。
- 关键成果（Key Result，KR）：为了实现目标，你所交付的具体的、看得到的、可以衡量的结果。

（2）在制定与执行 O 和 KR 的过程中，带来的组织应用与效益包括以下几种。

- 聚焦于优先级别高的活动。
- 定期的绩效反馈。
- 完善部门内部／部门之间的协调和沟通。
- 提高生产力。

OKR不仅重视结果，更强调过程中团队纪律、员工参与和自我管理的展现。这也是英特尔为了达成目标、提高绩效，所采用的引导团队聚焦、担责、合作的组织发展战略。

关于OKR定位的种种迷思

实践中有很多关于OKR与经营战略、目标管理、绩效管理、过程管理、敏捷组织等的比较的讨论。我分别讨论如下。

OKR与企业经营战略的关系

经营战略与OKR是前后的关系。组织高层依据公司愿景、使命、价值观，制定企业经营战略，各层级包括CEO、部门、个人，再根据战略订出各自的目标，以这样的顺序确保组织上下方向目标的契合。许多成功案例证明，OKR的导入，初期可以提升团队活力与改变效率；中长期下来，可以加速联结企业的末梢神经与大脑中枢，帮助企业优化经营战略。

OKR 是目标管理、绩效管理或过程管理吗

目标管理（Management by Objective，MBO）是将企业使命与战略转化为企业目标，再向下转化成部门及个人目标。在组织制度框架下，各层级为目标的达成而努力，最后按照目标，对完成的结果进行考核评估。

绩效管理是为了提高团队绩效，打通绩效计划制订、辅导实施、评估考核、反馈面谈等环节的循环。

过程管理是结合企业战略规划和需求，制定相应的组织行为规范，进行全程掌控，以及检查过程的里程碑，追求目标的达成。

OKR 重视目标设定的质量与执行过程的持续完善，是一套组织战略。因为这个战略执行得当，所以绩效得以提升。所以在概念上，OKR 与目标管理相似；在实务上，

OKR与过程管理的本质最接近。OKR与绩效管理之间是因果关系。

OKR与敏捷组织的关系：若是成立多年的团队，在导入OKR调整组织体质后，可以逐渐成为敏捷组织；若是组建新团队，可优先招募有OKR组织经历的成员，加速敏捷组织的形成。

OKR对个人有何实用价值

OKR可以提升人们的逻辑思考能力，对个人来说，可以应用于婚姻、爱情、家庭、友情、健康、求学、工作等方面，协助解决生活中的问题，提升生活质量。

先看一个婆媳相处的例子。埃米莉新婚后，小两口和婆婆住在一起。因为工作忙碌，她和婆婆疏于互动。婆婆对此颇有微词，提议小两口生个孩子，她可代为照顾。埃米莉听了，陷入两难的境地，她有心改善婆媳关系，但不想这么早当母亲。

面对这一难题，埃米莉有2种思考路径。

（1）"生小孩，婆媳关系就会改善。"所以，婆媳关系 =
生育。但这样的思维过于单一，容易让彼此陷入对立的
状态。

（2）"婆婆要的是什么？是孙子，还是小两口的尊重和
关心？自己和丈夫要的又是什么？"埃米莉必须先厘清问题
的源头，决定自己想达成什么目的，接着思考要做什么才能
达到目的。

其中，第（2）种是 OKR 思考模式。埃米莉制定了解决
难题的方法，如下所示。

O：改善和婆婆的关系，维持家庭和谐。

KR：分为 3 个。

- KR1：2 年后生育（婆婆能享天伦之乐，也愿意提供
  后援）。

- KR2：1 周与婆婆聚餐 2 次（陪婆婆聊家常，拉近距
  离，感情升温）。

- KR3：每月带婆婆出游 1 次（让婆婆在亲友邻居面前
  有聊天炫耀的题材）。

埃米莉发现，使用 OKR 思考方式，生育就不是改善婆
媳关系的唯一方法。OKR 可以帮助人们从更广的角度评估、
解决问题。

再举一个例子。席妮是一名大学生，一年后毕业。她希

望能够顺利地找到工作，为此制定了以下目标。

O：准时毕业，并收到工作录用通知。

方法 1：努力读书。

方法 2：向 50 家企业发送简历。

以上只描述了执行方法，并没有说明产出的结果。这是任务导向的思维。试想：只要努力读书，就能准时毕业吗？只要向 50 家企业发送简历，就一定能获得工作吗？

席妮以 OKR 的方式思考：准时毕业的条件是什么？在申请工作的过程中必须产出什么关键成果，才能被录用？再进一步制定满足这些条件和关键点的执行方法。所以，她重新制定了目标。

O：准时毕业，并收到工作录用通知。

KR1：努力读书，成绩排到全年级的前 10%。

KR2：向 50 家企业发送简历，获得 10 家企业的面试机会。

其中的思考逻辑是：要想收到工作录用通知，必须先得到面试的机会。而提高学习成绩，有助于获得面试机会。因此"获得面试机会"与"优秀的学习成绩"是达成目标必须经历的里程碑，即关键成果。所以说，OKR 是价值导向的思维。

　　OKR 与其他目标制定方式的思考差异示例如图 1-2
所示。

目标（O）：准时毕业，并收到工作录用通知	
其他目标制定方式	OKR
方法1：努力读书 方法2：向50家企业发送简历	KR1：努力读书，成绩排到全年级的前10% KR2：向50家企业发送简历，获得10家企业的面试机会
任务导向：只专注方法，不重视结果	价值导向：专注方法与结果

图 1-2　OKR 与其他目标制定方式的思考差异示例

OKR 方法论

从英特尔实务"1核心＋2方针＋3精髓＋4策略＋5能力"中看 OKR 如何打造高绩效团队

> **OKR 金句**
>
> 大家应该是学习"OKR 的组织运作"管理团队，而不是只学习"OKR 的目标设定"管理团队。

影响组织绩效的变量有很多。假设组织中的人员和其他条件都是稳定正向的，通常团队发展的时间越长，绩效就越高，如图 1-3 中的实线所示。但实践中许多团队的绩效提升相当迟缓，如图 1-3 中的虚线所示。

造成绩效差异的主要原因是什么？主要是在制定目标和执行目标的过程中，采取的思考核心和执行策略不同。

"1核心＋2方针＋3精髓＋4策略＋5能力"是 OKR 的思考核心和执行策略，也是 OKR 打造高绩效团队的方法论，如图 1-4 所示。本节首先从方法论的基础——三大精髓（3 精髓）谈起，随后逐步细谈。

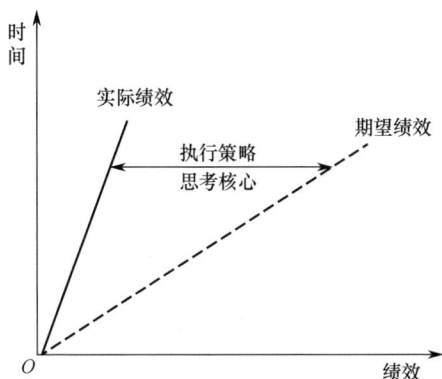

图 1-3　OKR 与其他管理方式的绩效差异

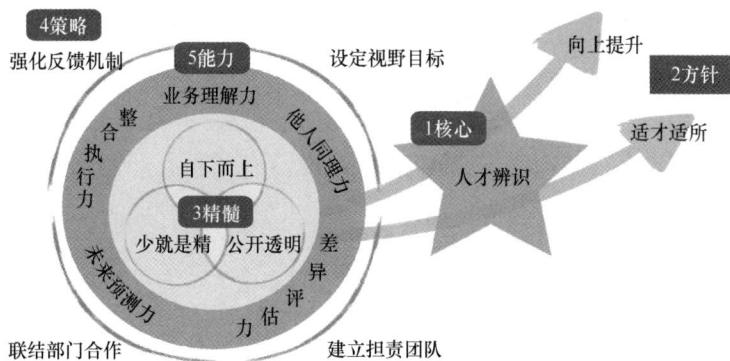

图 1-4　OKR 打造高绩效团队的方法论

三大精髓——导入 OKR 的首要心法

三大精髓"自下而上，少就是精，公开透明"是 OKR 的重要基础，是实施 OKR 成败的关键，也是 OKR 的重要心法。

精髓 1：自下而上，激发员工潜能

自下而上包含以下 2 个含义。

（1）当领导指派下属完成承诺型目标时，必须从下属的角度思考：如何让下属清楚目标的意义与价值？如何让下属对目标有承诺？因此，领导要清楚地说明：为什么要达成这个目标？目标达成后，对企业、部门和个人会有什么正面影响？如果不制定这个目标，或者目标没有达成，会有什么结果？ 让下属知道为何而战、为谁而战，可以提升其对目标的理解度与承诺感。

（2）给予下属一定的空间来自定义目标。有些领导听到要让下属自定义目标，直呼："怎么可能？那不乱套了？"事

实上，下属需要自定义的目标内容，必须符合企业和部门的战略与目标。目标制定之后，下属需要和领导进行沟通、协商，获得领导的批准之后才可以执行。这一做法是让下属从自己的视角来设定目标，目的是挑战自己，或者补足企业和部门目标未能覆盖但对企业有益的内容。

从心理学来看，如果目标是下属自发制定或承诺的，其会更重视结果的达成。因此，在执行过程中，下属会更主动地发现问题，遇到困难时会竭尽所能地寻找解决方案。因此，以自下而上的运作方式，让全员参与目标的制定和讨论，可以激发下属的潜能，使其展现担责态度。

然而，大家必须清楚一点：OKR 组织的运作并非全然自下而上的，而是自上而下和自下而上的交互运作。这符合企业战略应对市场多变的需求，将企业、部门与个人目标联结起来，帮助团队成员转换听命行事的思维，解决团队僵化的痛点。

精髓 2：少就是精，专注关键目标

设定的目标数量应不超过 3 个。

我在辅导企业的过程中发现，许多部门一开始确定了 3 个目标，但随着时间的推移，目标数量远多于 3 个。或许大家认为每个目标都很重要，放弃了很可惜。但请注意：当资源不变时，目标数量一旦增加，每个目标能分配的资源就会减少，这将导致目标达成的难度增加，最终哪个目标也没有达成。

要避免这种情况的发生，团队要实施目标 PK 制度。

在英特尔工作期间，我通常在农历过年前飞到美国总部，了解所属事业部新年度的业务发展方向。总部一般会提供 7 ～ 10 个战略方向，最后由各区代表决定最适合各自区域发展的 3 个目标。我回到亚洲后做的第一件事情，是征询内外部合作伙伴对于区域生态发展和各个方向所需资源的意见。之后，7 ～ 10 个战略方向可以减少到 5 个。我做的第二件事情是召开会议，让核心团队成员针对这 5 个战略方向进行讨论，最后确定当年度部门的 3 个关键目标。

在选择关键目标的 PK 过程中，讨论的议题包括：哪些目标的达成能为公司和部门带来最大的效益？政府和行业生态的趋势规范是否有利？内外部合作对象的资源可用性如何？如果今年不制定这个目标，有什么影响？我们从这些角度来引导团队思考目标的本质，评估目标的时效性和影响力，最后定下最关键、对企业和部门最有价值和影响力的目标。

完成目标的制定后，若在执行过程中发现有新的机会或目标，我们也会持续这种 PK 思维，进行目标的取舍。原则上，必须保持原有的目标数量，让资源专注在关键目标上。

面对市场与企业的动态多变，要维持 PK 的组织文化，不是一件简单的事。曾经有一家企业的年度目标是"A 产品市场占有率成为行业第二"。在季度运营会议上，CEO 告诉我："前些日子一家客户要下一笔大单，但我们拒绝了。事实上，接了这单后，我们的市场占有率将变为第一。"我问他："为什么拒绝？"他说："我们思考在这个时候成为市场龙头，是否符合公司的经营战略。最后发现，目前保持业界第二，是最适合我们的。"

CEO 接着说："决定的过程其实挺纠结的，但拒绝未必不好。若接下这单，势必会排挤手上其他项目，公司的生产线需要重新排程，要调动更多资源，也要面临组织人力重构的问题。我们仔细评估：这对公司原本的战略布局会有什么影响？公司原先制定的年度目标还能达成吗？'业界第一'的名号固然响亮，但想到背后的挑战与风险，我们还没准备好，因此我们宁可放弃。"

当企业从上到下贯彻"少就是精"理念，习惯用 PK 的方式做出选择时，就能迅速抓住重点，对其他相对不重要的目标说"不"，将资源聚焦在关键目标上。

精髓 3：公开透明，强化担责合作

公开透明是指团队中的每位成员都将当前的工作目标、进度、完成情况、利益相关方、目标执行中遇到的挑战等信息，定期更新在公司内部系统中，让核心团队或公司全部员工查阅。英特尔的做法是让全球所有的正式员工都能查阅 CEO 的目标信息。当然，每个企业的文化制度不同，你可以评估自己所在企业是否适合这么做。

为了实现公开透明的运作，OKR 团队必须养成 2 个工作习惯。

1. 定期更新系统中的信息

这听起来不是难事，但不要忽略人性，不是每个人都愿意将自己工作目标的相关信息摊在阳光下让大家公开检视的。因此，必须制定规则，并要求团队成员遵守。刚开始有些员工会故意隐瞒或不及时更新信息，但因为大部分的目标必须和其他部门或员工合作，当其他人已经更新信息，就很容易发现哪些人没有完全更新信息，所以这样的情形会逐渐改善。

经过一段时间，不愿改善的员工最终会离开团队，其他员工的行为模式与心态则会渐渐转变，他们的态度从闪躲推诿到直接坦然。表达的内容是经过思考的、触及重点的。同时他们展现的进取心越来越强烈，会谈到现在的目标未来与其他部门业务的关联，从过去"一个指令，一个动作"的行为模式，转变为会思考、提问和建议，也不担心其他人知道自己的目标进度，只问自己是否尽力了。团队担责的心态与行为，就在这个过程中逐渐培养成型。

2. 定时登录系统查看信息

公开透明为何可以促进跨部门合作？OKR 团队登录系统后，除了查看自己团队的工作信息，也要关注其他部门的动态。要期待跨部门合作的顺畅，就必须先清楚自己想合作的对象的关注点和需求点是什么，他们的年度计划是什么，下季度要做什么，以及明年的方向可能是什么。要实时掌握这些信息，除了会议交流，最便捷的方式就是在系统中查阅。

在英特尔工作期间，我曾与外部合作伙伴共建物联网解决方案，并将目标内容定期上传更新到公司内部系统。有一名销售部门同事，我们在公司彼此不认识，而他的客户当时正在积极进行物联网的规划部署。他经由内部系统得知我的部门有现成的产品和服务，于是我们讨论了双方的目标，结合彼此的资源，促成了部门合作。

四大执行策略

四大执行策略的定义如下。

（1）设定视野目标：保持对市场趋势的动态观察，打破本位惯例的思考枷锁，制定具有影响力的挑战型目标。

这是导入 OKR 的第一步。应根据预估目标完成后的价值与影响力来决定制定哪些目标，以及确认各个目标的负责人。

（2）建立担责团队：以激励因子建立执行 OKR 的纪律，养成自下而上思考的执行模式，展现担责态度。

要用 OKR 的思路设定目标，同时必须建立 OKR 组织运作的模式，以完成目标，提高绩效。

（3）联结部门合作：建立组织内公开透明的环境，强化与利益相关方合作的密切度。

OKR 组织在目标设定过程中，目标负责人必须思考跨部门合作，并且从合伙人的角度思考双方如何各取所需，互惠互利，将双方结合成为命运共同体。

（4）强化反馈机制：对于目标进度与绩效反馈，主管以正面引导的方式，建立主动和建设性的对话机制。

乍看之下，OKR 的四大执行策略不就是企业的日常工作吗？它和 PDCA 循环有何不同？不同之处在于这些策略的实施方法融合了 OKR 的三大精髓。本书的第二部分将详细介绍每个策略。

辨识 / 培养 OKR 团队的 5 种关键能力

在三大精髓的基础上，持续进行四大执行策略。在这个循环过程中可以逐渐辨识和培养团队成员的 5 种能力。

1. 业务理解力

若对工作内容、产业生态、客户、合作伙伴等情况不熟悉，目标是定不好的。可以要求员工基于目标制定会议上的发言内容来确定 O 与 KR，以此提升员工的业务理解力。

2. 他人同理力

OKR 组织在进行跨部门合作前，必须清楚对方的职业生涯规划是什么，对方部门或个人上一年的工作表现如何，在企业中的评价如何，以及对方是想更上一层楼还是想低调保守地过日子。他人同理力是指对其他部门和员工的观察力。没有这项能力，跨部门合作将举步维艰。

3. 未来预测力

在目标制定的讨论过程中，团队成员需要针对市场趋势、竞争对手与经营环境等方面的变化，提出影响企业运营的相关预测，借此培养团队分析现状和预测未来的能力。可以从会议发言及所制定目标的内容中，观察团队成员在这方面的能力与视野。

4. 差异评估力

制定目标的思路包括明确未来完成的目标结果与现状之间的差异是什么，以及弥补差异需要什么资源。在目标制定过程中，差异评估力是培养成员思考如何弥补差异所需的能力。

5. 整合执行力

预测了企业内外部变化，制定了目标，界定了目标结果与现状的差异，接下来必须具备整合各方资源、合作达成目标的执行力。

1 核心 + 2 方针

（1）1 核心：人才辨识。经过三大精髓和四大执行策略的运作过程，评估员工在 5 项能力上的表现之后，领导可以将此作为人才辨识的重要依据。

（2）2 方针：向上提升、适才适所。OKR 的导入，是一个不断测试和激发团队成员能力与意愿的运作循环。最终可以辨识出有意愿、有能力、与 OKR 组织文化合拍的成员，赋予他们更大的责任与舞台，让他们与团队一起向上提升；反之，对于意愿和能力不符合期待的成员，要做到适才适所，将其调离现职或评估去留。

第 **2** 章

全局式视野：OKR 的目标策略

目标制定流程

你的目标与上级的目标契合吗？制定目标只是领导的事？如何让领导察觉你的价值

OKR 金句

制定目标是打造 OKR 组织的第一步，是至关重要的一步，但非全部。

在 OKR 导入的四大执行策略中，制定视野目标是第一步，也是至关重要的一步，但它并不是 OKR 导入的全部。

在某次辅导咨询的过程中，一家企业 CEO 在主管面前说道："在座的每位主管，你们都说部门的目标达成了。但是我要告诉各位，去年我们公司的总目标并没有达成。你们告诉我，公司要不要为你们每个部门发奖金？"

当初每个部门的目标都是经过 CEO 批准的。但部门目标达成了，公司目标却没达成，这是为什么呢？主要有 2 个原因。

（1）许多公司关注市场业务，而忽略了制定清晰的战略和目标：上级目标不具体、不明确，造成下级接收的信息往往只是公司总营收或获利的数字目标。

（2）公司、部门和个人的目标内容没有契合：下级的目标制定后，上级没有进行细致的检查，而是直接核准实施。

如何使不同层级的目标契合一致

OKR 组织要如何让不同层级的目标契合一致？首先来看公司不同层级的 OKR 目标制定与执行顺序，如图 2-1 所示。

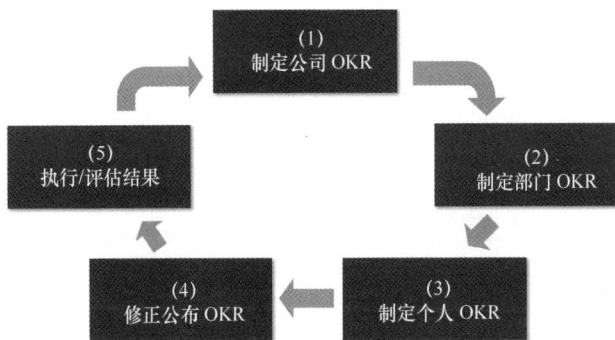

图 2-1　不同层级的 OKR 目标制定与执行顺序

公司、部门与个人 OKR 目标的联结如图 2-2 所示。

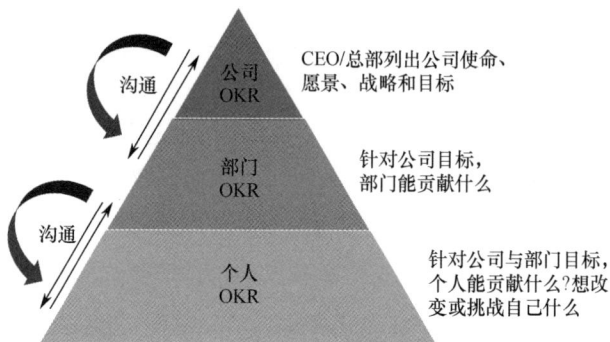

图 2-2　公司、部门与个人 OKR 目标的联结

（1）制定公司 OKR 目标：CEO 与部门领导一起，依据公司愿景、使命和战略，制定公司目标。

（2）制定部门 OKR 目标：各部门领导带领员工理解公司目标的意义与影响，一起思考部门可以为公司贡献什么。

（3）制定个人 OKR 目标：参考公司与部门目标，员工思考个人可以贡献什么、改变什么、挑战什么。

公司、部门与个人 OKR 目标的关系，是一个正金字塔结构，是自上而下和自下而上的双向交互过程，以公司或部门的利益为框架，经过上下级及平级单位之间的沟通交流，进行目标设定。而目标在公布实施前，必须经由上级领导批准，并在实施过程中和期末（月末、季度末、年末），对目标进度和结果进行检查评估。

前文提到，自下而上的含义之一，是让团队成员参与目标的讨论和制定。接下来将介绍部门目标的制定流程。

制定目标只是领导的事吗

制定部门 OKR 目标共有 5 个步骤，如图 2-3 所示。

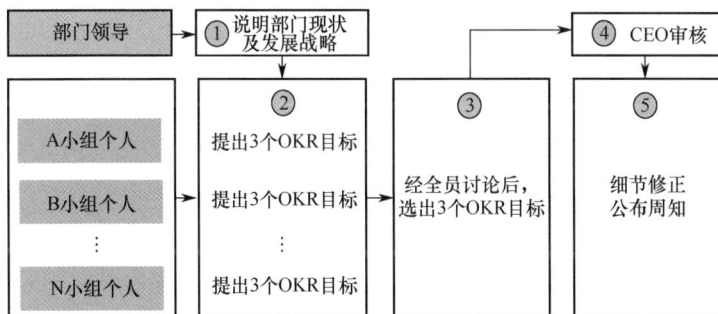

图 2-3 制定部门 OKR 目标的步骤

步骤 1：部门领导必须做以下 3 件事。

· 清楚公司的总体战略及目标。

· 清楚公司对部门本年度的期望。

· 向部门员工传达以上 2 点，并说明部门现状及发展战略。

步骤 2：要求各小组或个人从部门的高度思考，分别提出 3 个目标。若小组人数过多，讨论的效果通常不好。建议 2～4 人分成一组。

步骤 3：进入部门全员讨论阶段，检查所有小组及个人提出的目标，PK 后选出 3 个部门目标。

步骤 4：呈交上级领导（如 CEO）审核。

步骤 5：上级领导审核后，部门针对上级领导的建议进行调整，最后将目标公布在公司系统中。

在上述过程中，步骤 1 非常重要。必须让所有成员都清楚目标制定的背景与蓝图，才能确保接下来的讨论不会偏题失焦，结果符合预期。在这些步骤中，我发现本土企业对步骤 2 和步骤 3 的产出感到相对困难。

步骤 2 的困难点在于：即使各小组能提出 3 个目标，但内容通常缺乏部门层级的视野高度，内容大多偏向现有项目的持续执行或改善，缺乏创新突破的想法。

步骤 3 的困难点在于：成员对公司内外部环境的认知不到位，在 PK 的过程中，无法完整地说明目标的价值与影响力。此外，这一步骤的 PK 过程费时较长，员工无法到齐参与，造成全员无法对部门目标有一致的了解和共识。

许多本土企业在初期导入 OKR 制定部门目标的阶段，虽然经历了以上 5 个步骤，但超过 50% 的目标是部门领导提出后，其他员工附议通过的。这并不是 OKR 组织应有的模式。虽然流程符合 OKR 团队自下而上的精髓，但属于流于形式的"假戏码"。

不少领导说："我们公司的员工长期习惯执行命令，若硬要他们思考，也很难有什么好的产出。"这句话道出了企业的硬伤，也是企业应该导入 OKR 的主要原因。

个人如何让领导者察觉自己的价值

在传统自上而下的公司，部门目标通常是由高层、部门领导和少数资深员工拍板定案的。而 OKR 的做法是部门全员了解公司战略和目标后，由领导或外部顾问引导员工提出想法，并讨论制定与公司战略联结的部门目标。

在讨论过程中，应思考部门目标为何要改变、要改变什么、如何改变，以及要改变成什么样子。讨论数个回合后，团队成员对部门与公司目标的联结和契合，将有更深的体会，也容易取得他们对目标的共识与承诺。领导则能从员工的参与和交流中，辨识出哪些人的理解到位，以及哪些人的意愿和能力有待提升。

以自下而上的方式让全员参与制定目标的过程，是OKR 组织运作非常关键的一步。这个过程与结果不再是负责人或部门领导的责任，下属也有义务提出意见和建议。无论是公司目标还是部门目标，都应依照上述步骤来执行。

以上过程也是员工展现意愿和能力的绝佳时刻。作为公司的一员，你的领导、部门同事及人资部门将观察你是否具有符合公司期待的意愿和能力来思考制定具有视野的目标。若你过往没有类似的经验，建议以正面的心态看待这个挑战，因为这是企业采用现代管理的"进行式"，也是你崭露头角、发挥价值的好机会。

目标定位的纵深

你的目标思考涵盖全局吗？分析市场和组织的六大视角与四大纵深

OKR 金句

我们期望所有员工都有能力制定具有视野的目标；但若不成，必须确认大家都在 OKR 的组织规则和氛围下运作。

OKR 团队制定的目标必须具有广阔的视野。然而，一般人们设定目标的惯性思维是："领导要我做什么？""我将去年制定的目标改一下数字，结果提高一点，就是今年的目标。"

但 OKR 不然，它的思路是："领导告诉你的，是从领导的视角来看的。从你的视角，除了领导要求的，公司和部门还应该加强什么？你能为此贡献什么？"

"去年和今年的情况不同。去年的目标，今年再做，有意义吗？去年目标达成的结果，是继续维持，还是需要精进甚至删除？看看内外部环境的改变，我们应该做些什么来应对？"

所谓的目标具有视野，意思是：保持动态观察，抛开本位思想，不给思考设限。你清楚行业与公司发展趋势吗？你的目标思考涵盖全局吗？接下来将从分析组织和市场的六大视角、四大纵深、两大维度来说明视野的内涵（两大维度将在第 3 章说明）。

目标设定的六大视角

我在英特尔工作时，所在的部门在每年的业务启动会议或季度运营会议中都有一个议程，我叫它"失智唤醒"活动。该活动举行的频率，少则 1 年 1 次，多则 1 年 3 ～ 4 次。活动方式是以部门或个人为单位，用 10 ～ 15 分钟来思考并回答以下 6 个问题。

（1）公司的愿景 / 使命 / 目标是什么？

（2）我们的客户是谁？需求是什么？

（3）公司的定位是什么？我们产品和服务的价值是什么？

（4）过去 5 年公司运营和市场地位如何？

（5）我们惧怕和担心什么？需要补强的是什么？

（6）上个季（年）度的目标达成结果如何？

可以做个试验，看看团队有多少员工能够立即清晰地回答这些问题？这个活动提醒人们从公司的角度了解：我们是谁？应该关注或聚焦的对象是谁？我们公司过去的表现如何？现在所处的市场定位如何？公司面临什么困难？

如果对以上问题没有清晰的答案，你很可能在工作中迷失了，没有厘清方向。这就好比忘记自己的家在哪里，不知道怎么回家。建议各部门讨论分享后，再进行跨部门交流，听听不同部门的见解。

制定目标的四大纵深

商场如战场。在设定目标前，需要强化"纵深"的概念，才能知己知彼。纵深是指军队作战所处地域纵向的深度。而深度影响攻击的力度及防御的坚固程度。制定目标的四大纵深如图 2-4 所示。

图 2-4　制定目标的四大纵深

第 1 纵深，了解企业的愿景使命

愿景代表你期待的未来是什么样子的，而使命是你要如何抵达未来。清晰的愿景使命可以帮助你确定所有事项的优先级，意味着团队中的每个人都知道：我们要去哪里？是否走偏了？怎样才算成功？换言之，愿景使命为你的目标提出了一个框架，绘制了一幅蓝图。

例如，阿里巴巴的愿景使命是"让天下没有难做的生意"，于是他们的团队制定目标时会思考：要让厂商容易做生意，我们要做什么，才能让他们愿意使用我们的平台？厂商在乎什么？在进货、销货及存货问题上，我们如何协助厂商？这些思考内容成为阿里巴巴团队制定目标的框架和蓝图。

清晰的愿景使命，可以引导团队思考：我要如何通过设定目标来达成公司的愿景使命？

第 2 纵深，分析你的竞争对手

以下从 3 个维度分析竞争对手。

（1）竞争对手是潜在进入者还是现有竞争者？两者带给我们的威胁各是什么？

（2）从行业生态圈评估，我们和竞争对手是打对峙的群体战，还是有竞合的机会？

（3）品牌优势、进入障碍、成本优势、渠道成本、学习曲线等要素分析。举个例子，2021 年年初，特斯拉带着独特的电动车空调技术，宣布进军空调业。空调生产企业就应思考：特斯拉在空调市场有品牌优势吗？它进入这个相对饱和的市场，会面临什么障碍？它会采用什么销售策略？它的成本和售价是否具有竞争力？它进入新行业的学习速度够快吗？

第 3 纵深，市场趋势的 4P 和 4C

可以用营销学中的 4P 和 4C 分析市场趋势。

4P 是指产品（Product）、价格（Price）、地点（Place）及

推广（Promotion）。

以产品为例，应思考：我们产品的优劣势是什么？产品是依据企业现有资源和技术开发出来的，还是从客户使用方便的角度设计的？随着科技的发展，汽车已变成一部大型计算机，我们的产品能否在车内使用？还是只限于在办公室和家里使用？这关乎企业产品的竞争力。

以推广为例，应思考：随着"营销 4.0"概念的推出，加上大数据、5G 甚至 6G 等科技的发展，会给我们的商业模式带来哪些改变？"直播＋短视频＋社群经营"的模式适合我们吗？

4C 是指顾客（Customer）、便利（Convenience）、成本（Cost）及沟通（Communication）。应思考：客户的需求是什么？对价格的敏感度如何？对我们产品和服务的评价如何？我们与客户的互动如何？我们的客户服务中心、网站、App 所提供的客户信息是否一致？客户体验的差异如何？我们需要完善什么？

4P 和 4C 分析可引导团队从多个方面找到运营改善和创新的想法，也是制定视野目标的重要思考来源。

第 4 纵深，商业环境：政治、经济、社会及科技

（1）政治：包括政治稳定、法律、环保、税收、政策

及政府合作等方面。假设你从事的是餐饮业，政府颁布了垃圾分类的新法规，这会对堂食和外卖的生意分别产生什么影响？

（2）经济：包括汇率、失业率、通货膨胀、政府开支、利率和货币政策、消费者信心等方面。假设你是进出口贸易商，汇率变动会给你造成什么影响？假设你的主要业务是承接政府招标，若政府预算大幅缩减，你的运营方向应该如何调整？

（3）社会：包括教育程度、生活方式的变革、人口生态、疫情等方面。例如，疫情对民众的生活作息和消费习惯造成了什么影响？民众减少外出，在线通信设备、家用游乐设施的需求增加效应有多大？如果你是教育、保险、银发和医疗行业从业者，生育率下降和人口老龄化问题给你带来的冲击和机会是什么？你会如何应对？

（4）科技：包括技术变革、能源利用、技术更新速度等方面。例如，5G 设备所需要的芯片数量比过去的设备要多。芯片需求的增加，会对半导体产业、其他科技制造业产生什么连带影响？

对六大视角和四大纵深的分析，可以让人们对企业内外部环境的理解更到位，让人们在制定目标时，拉高度，扩宽度，换角度，让目标更具视野和影响力。

如何制定令人惊艳且具影响力的目标

目标的价值是什么

OKR 金句

如果说不出目标达成后产生的具体影响力，那说明这个目标的价值不大，可以舍弃不做。

进行了六大视角和四大纵深的评估分析后，下一步便是结合部门与个人职责，制定目标。这时候需要考虑以下两大维度。

目标要能产生影响力

OKR 组织在制定目标时，必须考虑目标达成后是否具

有以下两种影响力：市场效应（Market Impact）和业务效应
（Business Impact）。

市场效应

市场效应是指目标达成后，能否提高企业在目标群体中
的知名度，能否提升企业在业界的品牌地位，能否让上下游
厂商将企业列为首选的合作伙伴。心占率（Mind Share）是
评估市场效应的其中一个指标，即品牌在市场、客户及合作
伙伴心目中的占有率。例如，你去便利店买东西，有 7-11、
全家等品牌可以选择，为什么你会选 7-11？因为 7-11 在你
心中的占有率比较高。

业务效应

业务效应是指目标达成后，对企业和部门营收获利的影
响。例如，针对"要拿下 ×× 客户的订单"这一目标，需
要思考：这笔订单对我们业绩的影响是什么？若拿到了订单，
能让整个部门或公司 3 年内"衣食无忧"，这个目标就值得
大家全力冲刺达成。又如，有个代理商销售竞品的成绩很
好，在市场上的影响力很大，那"与这个代理商达成代理协

议"这一目标，就具有很大的业务效应。

这里说的效应是指当 O 与 KR 达成后，是否具有中长期价值，包括提高心占率、市占率、业绩和获利。最理想的情况是你的目标同时具有市场效应和业务效应。

对于非销售体系的部门，如人事、制造、财务等部门，虽然其功能、职责并没有直接与市场业绩挂钩，但仍然可以使用业绩和获利的思考模式来制定目标。例如，财务部门制定"编列产品损益分析表"这一目标的价值是让相关部门能够快速地查询到产品毛利，检查经营获利情况。这个目标就具有业务效应。

目标要具备挑战度

在分析六大视角和四大纵深的过程中，可以帮助人们思考目标应该包括什么对象、做什么事情。选对了对象和事情，只代表你在正确的方向思考目标。至于目标能否产生真正的价值和影响力，取决于目标的挑战度。

某公司销售部门的目标是"季度销售额增长 10%"，但被 CEO 否决了。他认为这个目标虽然比前期高，但每个季度提高一点销售额，没什么意义。为何不制定一个既能带给公司较大贡献，又能激励员工、留下好口碑的目标呢？CEO和销售主管沟通后，销售主管同意将目标改为"打破部门季度销售纪录"，如图 2-5 所示。

图 2-5　目标应具备挑战度

销售主管说："虽然我同意了，但和大领导谈完后我两天没有睡好觉。我看了目标就不舒服，这目标要怎样才能达成啊？后来我思索到底要做到多少，才能打破部门季度销售纪录。我翻了过去的记录后发现，将销售额做到比上一季度高 20%，就可以达标了。之后我清点了部门资源，评估了市场需求及代理商和渠道商的情况，发现这个目标有挑战度，但仍然有机会达成。"

挑战度目标的特质是：看到会不舒服，以前没制定过，但有机会达成。OKR 团队要制定具有挑战度的目标，其目的除了提供具有影响力的贡献，也包括锻炼人们创新思考与执行的能力。安迪·格鲁夫曾说："设定比较艰难的目标，乍看下，其达成率大多比简单的目标低，但其表现比简单的目标要高一个层次。目标越有挑战度，员工的表现越好。"

让团队自发地制定挑战度高的目标，可能吗？一家科技制造企业技术部门的部门目标是"制造技术符合一级客户的需求"。

我问："一级客户目前用了哪些厂商的产品技术？"

部门副总说："主要是 ×××。但我们现在的研发水平已经可以和 ××× 平起平坐了。"

这时一位资深工程师突然跳出来补充道："顾问，其实在某些技术上我们已经领先对方了。"

我顺势问道："那你们要不要考虑调整 O？"顿时全场静默。

一周后，在 OKR 团队会议上，我看到该部门的目标已改成"制造技术超越 ×××"。

"制造技术超越 ×××"与"制造技术符合一级客户的需求"这 2 个目标的挑战度差异，对技术部门造成了不小的影响。

部门副总和我说道："当时把目标调成这样，大家确实有些忐忑。但我看到的，不完全是目标能否达成的考虑，而是大家想跳脱框架，挑战自己。

"对于挖坑自己跳，在执行过程中团队也出现过杂音。后来团队认识到一点，虽然目标定得有点高了，但既然定了，咬着牙也要完成。"

他接着对我说："顾问，你知道吗？那个目标制定会议，我们开了一整天，这是以前没有发生过的。正因为有了充分的讨论，大家了解了这 2 个目标的差异，以及达成后的影响力，也清楚之后要做什么、怎么做。这样的共识和凝聚力，是过去没有出现过的。"

目标设定第一步

目标与关键成果的设定准则与案例检查

OKR 金句

　　我们要思考的，不只是我们目前在哪里，更重要的是将去哪里和怎么去。

　　六大视角、四大纵深和两大维度是制定视野目标前必须做好的功课和具备的心态。接下来将介绍目标设定准则。

目标需要以定性的文字表述，而非数字

　　目标描述的内容，是完成目标后的一种境界。你想达到什么境界？

在图 2-6 中，A 例中的 O 是"季度销售额增长 10%"。这个目标有什么问题？它叙述的是定量的结果，而不是境界。定量叙述将限制人们的动机和积极性。若你的下属明明有能力提升超过 10% 的业绩，但目标写了 10%，你也核准了，他会觉得："我达到 10% 就可以交差了，反正领导同意了。"这对执行导向的下属没有影响，但会压制积极性高、有进取心的下属。

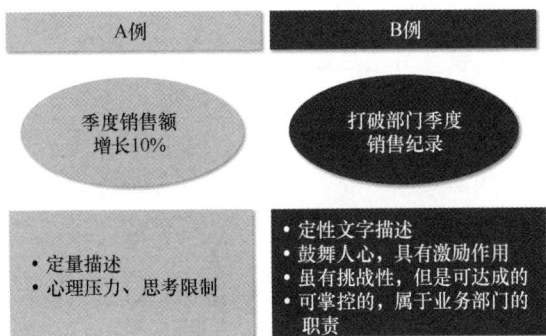

A 例	B 例
季度销售额 增长 10%	打破部门季度 销售纪录
• 定量描述 • 心理压力、思考限制	• 定性文字描述 • 鼓舞人心，具有激励作用 • 虽有挑战性，但是可达成的 • 可掌控的，属于业务部门的 　职责

图 2-6　目标设定准则

因此，应该以定性的方式将 O 改成 B 例——"打破部门季度销售纪录"。制定 O 时必须深思熟虑，除了内容要和上级的目标契合，还要兼具鼓舞人心、激励团队或个人的效用。另外，目标内容不能遥不可及，必须是有机会达成的，而且和目标负责人的业务职能有关。

关键成果的关键是价值导向

接下来说明关键成果的制定准则。

图 2-7 中左侧所示的 3 个 KR 有什么问题？首先要思考：执行了这些方法，能达成"打破部门季度销售纪录"的目标吗？执行这些方法，需不需要花费公司的资源？是不是应该重视产出的结果？

所以要想清楚：举办 5 次加盟店促销活动是为了什么？花钱招募 10 名销售人员的目的是什么？举办 2 次经销商培训又能产出什么结果？这 3 种方法所累积的结果，是否符合达成目标的条件？因此，这样的 KR 表述并不完整，属于任务导向思维。

正确的 KR 设定方法如图 2-7 中的右侧所示，它不只表述方法，还描述执行方法后产出的可衡量的结果。

- KR1：举办 5 次加盟店促销活动，贡献总销售目标的 30%。
- KR2：招募 10 名销售人员，直客销售达到 100 万元。
- KR3：举办 2 次经销商培训，完成营销收入目标的 20%。

O：打破部门季度销售纪录

KR 1. 举办5次加盟店促销活动 2. 招募10名销售人员 3. 举办2次经销商培训	KR 1. 举办5次加盟店促销活动，贡献总销售目标的30% 2. 招募10位销售人员，直客销售达到100万元 3. 举办2次 经销商培训，完成营销收入目标的20%
任务导向：描述方法	价值导向：专注（方法+结果）

图 2-7　关键成果制定案例对比

KR 必须用价值导向的思维描述执行方法和产出结果。撰写 KR 的其他要点还包括以下几个。

执行方法不能省略

许多人认为，既然是 KR，写出结果就好，为什么还要写出方法？你的 OKR 目标除了给自己看，还要呈报主管审批，同时要公开给其他同事参考。因此，写 KR 执行方法的目的有以下两个。

（1）让主管和同事了解你打算采用哪些方法。他们可依据过去的经验，反馈这些方法的可行性，以及达成 KR 的可能性。

（2）若其他同事未来的目标计划与你的方法有关，彼此就可以早一步形成跨部门合作。例如，其他部门或同事的目标和加盟店、营销、客户等主题有关，看到你的 KR "举办 5 次加盟店促销活动"，他们会关心你将邀请什么样的客户、用什么方式促销等细节，考虑能否结合双方的资源达成合作。如此，可将促销活动做得更精彩，达成彼此的目标与利益。

KR 指标必须量化，数量以不超过 3 个为宜

KR 的产出必须可以衡量，并能经过估算后显示 O 达成的进度。以上述目标为例，若完成 KR1 和 KR2，可以估算"打破部门季度销售纪录"这一目标的达标率是多少。另外，KR 的数量以不超过 3 个为宜。

KR 的 4 种类型

KR 的产出通常描述为以下 4 种类型。

（1）正向："提升""增加"等正向动词，如"每篇文章的点击率提升 5%"。

（2）负向："减少""降低"等负向动词，适合用于描述时间和成本等，如"将付款时间从 2 个月减少到 1 个月"。

（3）范围：以区间描述 KR 的产出，如"维持产能利用率在 70% ~ 80%"。

（4）里程碑：适用于描述无法以数字衡量的 KR，如产品或行政部门的 KR，可以写成"10 月 31 日前发布通知功能""在 9 月 30 日前，总经理批准 SOP"。

3 个案例

接下来将给出 3 个案例并评估各案例中的思考模式与描述是否需要调整，以此测试你对 OKR 目标设定准则的理解程度。

案例 1

O：提升业务拓展的质量。

KR1：产品发布会结束后 24 小时内，进行超过 50% 潜在客户的拜访活动。

KR2：建立最佳销售流程的档案。

KR3：业务同事参加 3 场产品发布会。

完成以上这些 KR，有助于 O 的达成吗？是否只写了方法，没有制定帮助达成目标的关键产出？例如，KR3，业务同事参加产品发布会的目的是什么？你可能会说："提升他们对产品的理解度。"理解度提升了，业务拓展质量自然会提高。那么，如何确定业务同事只要参加了产品发布会，就可以提升其对产品的理解度？可以进行产品知识测验。所以，可以将 KR3 调整为"业务同事参加 3 场产品发布会，通过产品知识测验"。

案例 2

O：提供世界级的客户支持体验。

KR1：一级客户的紧急需求在 1 小时内解决。

KR2：二级客户的支持要求在 24 小时内解决。

KR3：一级客户的满意度达到 95% 以上。

要确认世界级的具体标准是什么，以及这 3 个 KR 的产出是否符合世界级标准。

案例 3

O：打造高绩效研发团队。

KR1：产品规格满足 3 家一级客户。

KR2：规划方案达到 60% 的沿用比例。

KR3：导入项目管理方法，建立执行 SOP。

目标设定后，必须经过主管同意才能实施。因此，撰写 OKR 目标前，必须了解主管的期望。在这个案例中，主管对"高绩效研发团队"的定义是什么？需要什么事实发生，才会被认定为高绩效团队？是"满足一级客户""方案沿用比例""项目导入的 SOP"等 KR 产出吗？这些是主管认为急需补强的，还是你自己认为需要补强的？

评价目标的品质

OKR 目标的灵魂与躯壳：评估列表与三大检查层面

> OKR 金句 ●
>
> 别只学了 OKR 目标设定的躯壳，更重要的是灵魂。

撰写目标后，须经由一定的评估及检查来确保目标的质量。以下为 OKR 目标的评估列表，你可依此对照修正。

（1）O 与企业战略方向有关。

（2）O 的内容要能鼓舞人心、充满想象，富有激励作用。

（3）KR 达成后，O 也随之达成。

（4）各 KR 之间互相独立，不重复。

（5）O 的内容具有挑战性，完成后具有市场效应和业务效应。

（6）O 不超过 3 个，每个 O 的 KR 不超过 3 个。

（7）KR 产出必须可衡量，且在目标负责人的能力掌控范围之内。

目标制定的三大检查层面

对照评估列表后，建议你从目标的技术面、逻辑面、影响面 3 个层面进行检查，以提升目标的质量。

技术面

1. 善用里程碑的概念

OKR 目标制定的核心概念之一是"里程碑"。例如，以"提高免疫力"作为长期努力的方向，在朝往这个方向迈进的途中，可以制定数个在不同期间达成的里程碑，作为季度或年度目标，如"完成珠穆朗玛峰登顶"就是其中之一。所以，方向和目标之间是里程碑的关系，O 与 KR 之间也是里程碑的关系。例如，O 是"完成珠穆朗玛峰登顶"，其中的一个 KR 是"20 分钟内跑步 5 千米"。完成了这个 KR，代表心肺功能达到一定强度，是完成 O 的必要条件之一。制定目标的思维是依据方向，先定 O，再定 KR，之后列出任务列表。所以，只要按部就班地完成任务，KR 就能达成。而当 KR 一一完成后，O 就达成了。这就是里程碑的概念。

2. 检视 O 和 KR 的制定顺序是否错误

不少任务导向思维的人在撰写 OKR 目标时，习惯先根据现有的工作内容写 KR，之后再想个标题作为 O。这种先定 KR 后定 O 的方式，如同"先射箭再想着如何画靶"，其顺序是错误的。OKR 目标是价值导向思维，应该先思考要达到什么境界（O），再思考如何达成（KR）。

逻辑性

KR 完成了，O 是否就能达成？这里强调 O 与 KR 之间的逻辑性。而逻辑性是否正确，关键在于业务理解力和差异评估力。

1. KR 是否足够关键

请注意，OKR 目标的核心是追求达成 O，而不是 KR。若你发现完成了所有的 KR，但 O 没完成，那是因为 KR 的设定不够关键。

以人事部门员工福利的目标为例。

O：举办一场内容丰富、气氛良好的元旦晚会。

KR：选择合适的场地和安排餐食住宿。

该例的 KR 偏向任务导向，而且不够关键，不符合达成 O 的条件。要举办内容丰富、气氛良好的晚会，关键不在于场地、住宿等的安排，而在于如何营造参会者之间的密切互动和正面感受。因此，对 KR 的思考应偏向软性、无形的需求，如邀请擅长带动气氛的主持人。

再看一个销售部门的 OKR 目标。

O：打破部门销售纪录。

KR1：每个百万级客户均下单 500 万元以上。

KR2：非百万级客户的重复购买率增加 10%。

KR3：经销商下单金额增加 30%。

要完成 O——打破部门销售纪录，销售部门要先估算需要达成的总业绩金额。接着要确认完成 3 个 KR 后，是否能达成总业绩金额。因此，每个 KR 必须足够关键，能够对完成 O 做出贡献。

2. 目标的依存条件是什么

在制定目标前必须清楚这个目标的依存条件是什么，即达成目标所需的必要资源和条件有哪些。若这些资源和条件是由其他部门或个人掌控的，则必须先获得对方的支持。例如，销售部门希望通过举行加盟店促销活动来达成业绩，而举行促销活动需要后勤行政部门的资源投入。因此，销售部门制定目标前，必须先获得后勤行政部门的"画押"支持。

如果你制定了一个自己完全无法掌控的目标，将存在极高的风险，也不符合 OKR 目标设定的思考逻辑。

影响面

你的目标有人在乎吗？其他人看了会有感觉吗？制定目标前，把以下 2 个步骤做到位，你的目标将更具影响力。

1. 思考为何要制定这个目标

制定目标前，回答以下 4 个问题。

（1）为什么要改变？现在的痛点是什么？例如，系统功能不足，客户订单确认流程花 10 小时之久，导致客户流失、满意度降低。

（2）要改变成什么样子？你希望达到的境界是什么？例如，减少人工操作，让系统自动判别。

（3）如何改变？你要如何做？例如，系统功能补强。

（4）目标达成与未达成的影响是什么？例如，达成之后，作业流程减少为 5 小时，人事成本节省 30%，客户满意度提高 10%。

2. 思考应如何显示目标的价值

OKR 组织通常依据以下 2 点来评估目标是否具有价值。

（1）目标与公司战略方向的契合度。

（2）目标达成后的影响力。

目标是否具有令人印象深刻的影响力，取决于如何完整地表述目标达成前后的差异。而这需要数据来佐证，以提高说服力。

OKR 目标从来就不是表格思维

OKR 目标的设定，除了要学习 O 与 KR 各自的设定原则，更强调两者的逻辑性，以及产出的影响力。这是在目标拍板定案前，在针对目标的内容质量，不断质疑、挑战、辩论的过程中所采用的思考核心。因此，制定 OKR 目标，不是将过往 KPI 的内容换个 OKR 表格塞进去就行了。一个有质量的 OKR 目标，其背后产出的过程，是经过缜密的逻辑讨论的。

上下级目标之间的关系

不是拆解，而是联结！OKR 上下级目标设定的三大概念

OKR 金句 ●

如何避免将 OKR 做成 KPI ？上下级目标之间的关系不是拆解，而是联结。

OKR 团队重视上下级目标的契合，希望达到《孙子兵法》中所说的"上下同欲者胜"的境界。我观察刚导入 OKR 的团队，超过 70% 的团队做到了表面上的上下级目标契合。但实质上，他们误解了上下级目标制定的概念，造成下级员工的发挥空间受限，也缩小了上级目标应该有的视野和影响力。以下是大家经常忽略的 3 个概念。

上下级目标之间的关系不是拆解，而是联结

许多文章和书籍都提到："我们要'拆解'上级的 OKR，这样才能让上下级的目标对齐。"但 OKR 组织中上下级目标之间的关系，不是拆解，而是联结。这是什么意思呢？

以图 2-8 为例，假如一家高级餐厅制定的公司层面的 O 是"提升顾客满意度"，KR 是"回客率达到 60%"。而下级（部门）将上级的 KR 当成自己的 O，据此写出自己的 KR。这种方式称为拆解。

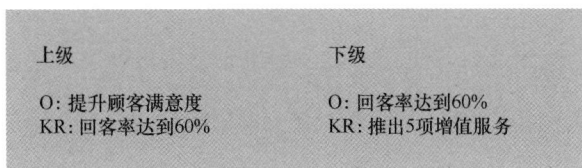

上级	下级
O：提升顾客满意度 KR：回客率达到60%	O：回客率达到60% KR：推出5项增值服务

图 2-8　拆解目标

记住，上级的 KR，不能作为下级的 O。

下级在思考目标时，应该思考能为上级的 O 做些什么。

所谓拆解，不过是对任务进行分配。这有什么不好的影响吗？首先，下级将上级的 KR 当成唯一的方向，这又回到了"自上而下"的思维逻辑，走回了之前制定 KPI 的老路。换句话说，在这种方式下，上级制定了目标 A，下级只能达成目标 A。下级没有足够的思考和发展空间，只扮演执行者的角色。

再者，若下级没有达成目标，上级可能就来指责了。但这个目标到底是上级要达成的，还是下级想做并负责的？这将发生权责不清的问题。在 OKR 组织中，制定目标的人是必须对结果负责的。

根据我的辅导经验，组织中许多下级制定 O 的方式是直接"复制 + 粘贴"上级的 KR。遇到这种情形，我给领导者的建议是，必须严正退回内容，要求下级再思考，再挑战自己。否则，最后下级会说导入 OKR 是"玩假的"，现在做的仍然和 KPI 一样。

若经历 2～3 次循环，下级还是没做出调整，说明他没有想法，是听命行事的人。在 OKR 团队中，如果一个人只会拆解，没有新想法或联结目标的能力，其工作升职将遭遇很大的阻碍。

至于前文提到的"联结"，又是什么意思呢？

OKR 目标的制定强调"自上而下 + 自下而上"的思维

逻辑。在如前所述的例子中，高级餐厅制定的 O 是"提升顾客满意度"。如果前台经理参考这个公司层级的 O（自上而下），与下属讨论定下"让顾客不轻易放弃等位"的 O（自下而上），不但能让 OKR 组织上下级目标联结一致，还能让下级目标的达成为上级目标的达成做出贡献。这就是联结。

总结来说，下级制定 O，要参考上级的 O，而不是上级的 KR。

上级的 O 要与所有下级的职能对接

为什么要对接？ OKR 组织会选择最关键、最具影响力的目标来执行。若上级目标是所有下级都能为之做出贡献的，将有助于提升目标的挑战度、影响力和产出结果。

仍以前述高级餐厅为例，公司的 O 是"提升顾客满意度"，这与每个部门的职责都有关。公司高层只要明确目标的定义，授权各部门发挥想象力，每个部门都将针对各自的职责，思考如何做出贡献。

例如，前台经理为了提供更好的顾客体验，提出"让客户不轻易放弃等位"的部门目标；行政主厨为了提高顾客满意度，提出"获得顾客对菜色的更高评价"的部门目标；财务部门的负责人则提出"为顾客提供多元、快速的付款方式"的部门目标，如图 2-9 所示。

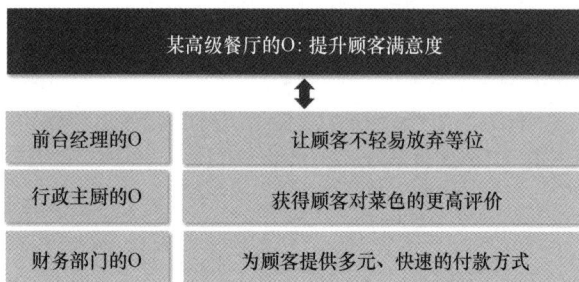

某高级餐厅的O：提升顾客满意度	
前台经理的O	让顾客不轻易放弃等位
行政主厨的O	获得顾客对菜色的更高评价
财务部门的O	为顾客提供多元、快速的付款方式

图 2-9　上级的 O 要与所有下级的职能对接

上级的目标不能由下级的目标组合而成

许多公司或部门层级的目标都是由下级的目标组合而成的，这种方式看似符合 OKR 目标"上下对齐"的精神，但通常下级提出的目标以强化现有执行功能及产出的目的居多，在开拓新局面、提高战略视野方面，欠缺上级应有的高度。

这个做法的另一个负面影响是，让原本应该是下级的目标变成上级的目标，这将造成所有下级的目标思考空间受到挤压。造成这一情况的原因，一般是讨论研拟目标的时间不够充分，草草了事；也可能是领导者缺乏带领团队制定目标的意愿和能力，选择简单行事。

以上 3 个概念都围绕着 OKR 组织的一个重要信念：创造公平的机会，让下属获得更多的资源与空间，发挥想象力和能力，让团队和下属一起提升自己。

自我练习 OKR

OKR 目标表格说明

OKR 金句 •

目标的设定与执行，若最终不能以财务数据体现结果，将无法全面显现目标的价值和影响力。

接下来进入 OKR 目标的设定环节。表 2-1 是制定目标时必填的表格。你也可依据企业部门的实际需求增加行或列。

表 2-1　OKR 目标表格

目标 （O）	关键成果 （KR）	权重 （%）	挑战度 （1—5）	KR达成后 的影响力	进度	自评产出 （达标率）

目标和关键成果

这是目标表格的主体。数量秉持三大精髓的"少就是精"原则，无论什么层级，O 都不超过 3 个，每个 O 关联的 KR 以不超过 3 个为宜。

此外，OKR 目标的撰写方式和写计划、执行报告不同。描述要精简，摒弃不必要的措辞，清楚地写明要达成什么、如何达成等关键信息即可。原则上每个 O 的字数不超过 15 个字，KR 不超过 20 个字。许多人认为将对 KR 的描述限制在 20 个字以内很困难。下面举例说明如何做到这一点。

KR 修改前：为客户提供物联网企业解决方案，协助客户创建智能农业、智能家居、智能工厂等应用，完成 5 家 POC 客户场域的创建。

KR 修改后：提供物联网解决方案，完成 5 家 POC 场域创建。

KR 修改后，删除了"协助客户创建智能农业、智能家居、智能工厂等应用"等文字。这部分属于细节说明，可以在目标审查会议中口述说明，或者列在其他表格中。若你的团队希望在一张表格上看到所有要点与细节，可将这部分内容放入增列的"任务说明"栏。

要将 OKR 目标描述到位，必须掌握提纲挈领的原则，经历一次次思考打磨的过程。你或许需要中等以上的文字表述能力，但真正的关键是精练重点、说重点的能力。

权重

权重是指每个 KR 的重要性。一个目标负责人最多可设置 3 个 O、9 个 KR，所有 KR 的权重加总等于 100%。设定权重时并不考虑 KR 所需的工作量，而是考虑 KR 的重要性及达成后的影响力。

为什么要设定权重？第一，它可以让你思考每个 O 及所属 KR 的优先级；第二，它可以让你和领导更深入有效地讨论对目标的看法。例如，"你第 1 个 O 的所有 KR 权重加总超过 50%。但 3 个 O 比较起来，我认为第 2 个 O 比第 1 个 O 更重要。"在讨论审核目标的过程中，主管会提出建议，与你交换彼此对目标重要性的认知，由此强化上下级目标的契合度。

挑战度

挑战度是指在制定 KR 的当下，你对达成 KR 的掌控度。挑战度分为 1—5 级，难度最大是 5 级，最小是 1 级。为什么要注明挑战度？目的是让领导了解你对目标达成的掌控度。这是测试领导和下属对与目标相关的业务全貌及获取所需资源的难易度是否理解一致的过程。

例如，下属设定的 KR 挑战度是 4 级，但你认为实现这个 KR 没这么困难，应该调成 3 级比较合适。通过这个差异，你可以了解下属的想法。或许下属认为所需的关键资源很难取得，所以挑战度高，但你了解的情况并非如此。通过对挑战度的讨论和比对，可以提升全员对公司业务环境动态的正确认知与团队动能。

许多人说，要让全员对挑战度级别的认定达成共识，并不容易。导入 OKR 初期，团队确实需要一段时间的磨合。一旦领导与员工对业务属性、市场情况和公司资源的熟悉度有了一致的理解，工作将渐入佳境。

KR 达成后的影响力

这是 OKR 目标表格中的"重头戏"。"KR 达成后的影响力"的重要性和撰写要点如下。

（1）领导阅读 OKR 目标表格时，重点会放在"权重"和"KR 达成后的影响力"两栏，特别是对下属自发制定的挑战型目标来说。影响力从市场效应和业务效应 2 个维度说明目标达成对公司与部门的贡献。如果你写不出具体的影响力，说明这个 OKR 目标的价值不大，可以舍弃不做。

（2）对影响力的描述如同写一份建议书，聪明、有进取心的目标负责人通常会竭尽所能地思考如何扩大目标的影响力。若你的建议书能说服领导们，他们将乐意协助你获得所需资源，达成目标。

（3）避免描述表面上的影响力或大家已知的因果关系。例如，

- KR：9 月 30 日前完成业务系统功能补强，通过业务部主管的验收。

- KR 达成后的影响力：简化业务部员工制作询报价的作业流程。

这样的描述过于表面，没有说出具体的影响力。

KR 达成后的影响力可以调整为"简化制作询报价的作业流程，由 10 小时减少至 6 小时"。

主管期望看到的影响力内容是可衡量的数据。若能转换成财务数字，以"增加多少营收或获利"或"节省多少成本"的方式表述，可让目标的价值看起来更直观，因为财务数字是企业管理成果的最终体现。

因此，你应该这样思考 KR 是否具有价值。

- 如果业务系统功能不补强，现在制作询报价的作业流程要花多少时间？

- 执行这个 KR、优化了系统功能之后，可以减少多少作业时间？前后的差异可以节省多少人力成本？

- 节省下来的成本对公司和部门的重要性高吗？

- 若节省的成本有限，我们将资源用在其他目标上，是否能获得更大的产出？

你必须清楚制定每个 KR 的目的，以及达成后可以产出什么差异化结果。要有效地描述影响力，你必须能对目标优先级做出正确的判断，对企业内外部环境有一定的了解，同时拥有良好的差异评估力。这一能力的展现与企业是否累积了完整的数据息息相关。当然，并不是所有目标的影响力都适合以数字展现，也可以描述对公司文化或员工士气等有价值的影响力。

进度

评估每个 KR 执行的状态，一般以 4 种颜色表示。

- 红色：代表进度远落后于预期。

- 黄色：代表进度状况不明朗，可能因为某种不明因素需要观察和排除。例如，恶劣天气导致物流停滞，零件无法准时交货。

- 绿色：代表进度符合预期。

- 蓝色：代表 KR 已达成。

除了使用颜色，也可使用文字补充说明。在 OKR 团队进度会议中，一般会先检视红色或黄色 KR 的执行情况。

自评产出（达标率）

自评产出是指季（年）度终了，由目标负责人评定产出，但最终需经过领导的核准。

OKR 目标表格的好处

为什么要使用 OKR 目标表格？至少有以下 3 个好处。

（1）OKR 目标表格是你在企业内部的重要名片：目标不只是写给你和所属部门看的，更是写给全公司员工看的。它不是工作计划，也不是执行细项，而是为了让大家快速了解你的工作目标重点是什么，对目标达成的掌握程度如何，以及带来的价值和影响力是什么。这是提升你在团队中的曝光度和增进跨部门合作的重要工具。

（2）填写 OKR 目标表格，不仅可以促进领导和下属对目标内容与企业内外部信息认知的一致性，还可以锻炼团队成员的 5 项能力。

（3）OKR 目标表格的使用流程是，填写完毕后，内容经上级领导核准，上传并发布到公司内部系统。OKR 团队可以利用内部系统来分享目标内容，从而强化团队担责与跨部门合作。这部分内容在前文有详细说明。

第 **3** 章

激励式担责：OKR 的担责策略

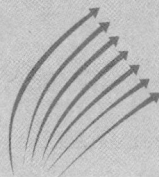

团队领导如何带领团队转型为 OKR 团队

OKR 团队运行的四大步骤与四大调整

OKR 金句

OKR 是组织绩效的系统输送带。但再好的系统机制，也需"事在人为"。

在欧美国家，你会经常看见前面开门的人会帮后面的人扶门，难道这些国家的人民素质天生比较高？

有一回我问欧洲同事："你们以前就这么帮后面的人扶门吗？"

他回答："我们国家有条法律，如果不这么做而导致后面的人受伤，前面的人必须无条件赔偿，所以我们自然地养成了习惯。"

要想让行为发生改变，必须具备以下 3 个要素。

（1）内在动机："我觉得这样做是好的，所以我愿意改变。"

（2）能力：只有先有能力，才能改变行为模式。

（3）采用制度和规范强化行为。

这 3 个要素正是打造 OKR 担责团队的必要条件。组织期望团队成员具有担责的心态，展现的行为模式从以前的"领导盯、跟、管着下属"，转变成"下属盯着领导"来寻求领导的引导与支持。这个转变的关键，就是 OKR 团队运行的四大步骤。

OKR 团队运行四大步骤

OKR 团队运行的四大步骤如图 3-1 所示。

定目标　　　勤追踪　　　立规则　　　行赏罚

图 3-1　OKR 团队运行的四大步骤

步骤 1：定目标

领导需要注意以下 3 点。

1. 授予成员一定的权限自定目标

具体授予多大的权限，视企业和各部门的属性、经营情况及下属的能力而定。企业在稳定期，整体授予的权限可以大一些；若在生死存亡时期，权限就相对小一些，甚至暂停授权。一般而言，技术研发部门的权限较大，普遍超过 50%；营销部门的权限较小，不超过 40%。若是能力较强和经验丰富的成员，被授予的权限会相对大一些。

2. 明确告知团队成员目标边界

相较于团队成员，领导掌握较多的经验和公司内外部的动态。定目标前必须向下属说明目标边界，包括公司内部情况，如总体战略与目标、公司对部门的期望，以及政策的调整限制（如预算紧缩、人员遇缺不补等情况）；也包括公司外部的变化，如目标与政府法令的兼容性、国际情势的变化、社会现状的影响和限制等。

3. 确定整个团队对目标有清楚且一致的认知

思考一下，如果团队成员与高层接触较少，能完全理解公司战略和目标背后的意义吗？如果目标与下属的个人绩效无关，他们会重视目标的达成吗？因此，领导必须确认团队成员清楚以下问题的答案：公司与部门的目标是什么？为什么要定这个目标？目标达成与否，对公司、部门与个人造成的影响分别是什么？要让团队成员知道他们为何而战、为谁而战，提升成员对目标的承诺感，同时确保每位成员的目标与任务行动是和公司及部门的目标紧密结合的。

步骤 2：勤追踪

OKR 导入失败的主要原因之一，是忽略了定期追踪。要追踪：Who（谁来做）、What（做什么）、When（何时完成）。追踪的方式包括 OKR 团队进度会议、一对一会议、OKR 系统及工作周（月）报。心理学中的"自我鞭策"效应提到："假如我们的成员将进度告诉团队中的任何一个人，他的达标率比起那些不告诉其他人的成员高 43%。"OKR 组织采用以上追踪方式，让团队知道每位成员的工作内容与进度。

追踪的目的是评估目标进度，希望在问题爆发前，找出潜在的风险，同时确认在限定的时间内要完成哪些里程碑、哪些任务。这些方式一旦循环实施，就能知道哪些努力是有效果的，而哪些事情是可以不做的。至于是否需要追踪细化的行动任务，则视下属的层级和自发程度而定。

建议在 OKR 导入的前 6 个月，将这些追踪方式的实施频率设定得高一些。例如，OKR 团队进度会议一开始可能 2 天开 1 次，当团队习惯了会议模式与要求之后，可以调成 1 周 1 次，之后 1 个月 1 次。这个过程是循序渐进的。

步骤 3：立规则

立规则分为 2 种，一种是例行性规则，另一种是定锚性规则。

例行性规则包括每周、每月、每季度提出工作报告，同时在内部系统中公布目标，更新进度和达标率。

在 OKR 导入初期，你会发现有些团队成员没有养成习惯，不是没有按时提交工作报告，就是忘了在系统中更新进度和达标率。部分成员在"进度"栏随意勾选颜色，认为没人会检查真实的情况；而有的成员态度不坦然，在执行目标的大部分时间，勾选黄色（代表目标进度不明），直到截止日期前 2～3 天，才突然更新为蓝色（目标完成）或红色（目标严重落后）。

据我观察，其中的原因除了疏忽，确实也有成员是因为抗拒而不配合。他们为何心生抗拒？OKR 团队要求无论目标进度与达标率是否符合预期，都要真实公开，这考验团队成员的心态。有些人能坦诚面对，但有些人会刻意隐瞒；有些人停、看、听，看风向办事；有些人习惯吃"大锅饭"，担心要承担没有完成目标的责任，于是拒绝被单独公开检查。

另外，领导可能担心团队成员公开的信息是否属实。其实很容易辨识。系统信息并不是了解事实的唯一方法，还可以通过工作报告、OKR 团队进度会议及一对一会议等方式进行交叉比对，得出实时的、最接近事实的信息。再者，绝大部分的目标都不是某个成员可以独立完成的，需要与其他人合作。当你看到其他人的信息内容时，很容易察觉是否有异。

例行性规则的实施过程，也是团队成员工作心态和OKR 组织制度磨合的过程。你可以借此观察团队成员的能力，以及他们对制度规则的配合意愿。如果例行性规则的实施未能达到预期的团队担责效果，必须结合定锚性规则一起实施。

定锚性规则实施的 3 个要点如下。

（1）在实施 OKR 初期，公司层级目标必须包括"全员采用 OKR"。同时要求各部门的目标包括"全员 ××% 完成系统数据更新"或"团队遵循 OKR 制度达到 ××% 的完善率"。这是将遵守 OKR 制度规则列成团队的重要目标之一，借此加速全员落实 OKR。

（2）各部门领导担任监督者。部门领导与企业高层的互动较多，大多接受过 OKR 导入的顾问咨询，比普通团队成员更清楚 OKR 的精髓与策略。领导可以通过邮件、会议等公开方式，进行"软硬兼施"的引导。例如，赞扬完成度高的团队成员，公布配合度不符合预期的团队成员；当对团队成员目标内容有疑问时，提问："为何你的目标要这么定？我理解的情况不是这样的……"借此厘清下属对业务的掌握程度，也让下属认识到，领导很重视 OKR，他是认真的。

（3）领导公布自己的 OKR 目标进度和达标率。一家 OKR 运作成熟的企业，所有领导都会公布自己的目标进度和达标率，即使是 CEO 也会这么做。大家一视同仁，没有例外。当犹豫看风向或不配合规则的人看到领导以身作则时，自然会加速跟进融入，或者考虑离开团队。

步骤 4：行赏罚

目标执行结束后，给予团队成员相应的赏罚反馈，包括以下 3 种方式。

（1）将目标执行结果纳入绩效评估。若目标执行结果不与绩效评估挂钩，久而久之，没人会将目标当回事，团队担责的期望必然落空。

（2）授予项目主导权。让表现优异的团队成员主导项目，接触企业更高、更广层面的生态，加速自我发展。

（3）引入决策圈。引领有高潜力的下属参与高层领导的会议，提高下属的曝光度，拓宽他们的视野。

至于"罚"，就是评估下属的去留。在 OKR 组织的制度规则下，缺乏担责心态的人会自行求去或被迫离开。通常以绩效改善计划（Performance Improvement Plan，PIP）作为下属去留的评估参考。一般情况下，在绩效评估结果出炉后，领导会要求表现不如预期的下属制定 PIP，经领导批准后，在 3～6 个月内改善。若其表现符合预期，继续留任，否则请其另谋高就。

OKR 团队运行的四大调整

为了让四大步骤运行顺畅，团队必须就 4 个方面进行调整。

（1）重视内外动机。OKR 采用"自下而上 + 自上而下"的模式引导员工的内在动机，使其贴近公司的目标。内外动机是激励团队担责的必要条件，而 OKR 组织以外在动机延续员工的内在动机，促使团队遵守 OKR 的制度规则。

（2）专注过程和结果。OKR 团队不仅关注结果，更重视过程中团队成员对业务理解、目标规划、纪律遵守及交流反馈的意愿与能力，这些都是激励团队担责的关键要素。

（3）给予容错空间。OKR 团队的氛围是正向的、有弹性的，要容许出错，鼓励尝试，挖掘原因，并给予调整空间。

（4）提供空间舞台。对于勇于挑战、有能力主导局势、表现出众的团队成员，应给予其更大的发展舞台。

建立 OKR 担责团队，并非一蹴而就的。现行的团队运作模式势必需要调整，过程中成员的抗拒是正常现象。要允许团队成员有一段缓冲期。在缓冲期间，领导们不需要担心，不妨思考如何借力使力来优化团队。

　　以上四大步骤与四大调整运作一段时间后，团队成员会自然地处理工作中的依存关系，开始主动与他人协商。随着组织运作的重点与资源逐渐聚焦于 OKR 的导入，你将发现团队担责的心态与行为逐渐形成，特别是当全员都在公司内部系统中更新目标进度与达标率后，这个现象将更加明显。

OKR 组织下的员工生存术

以农场主与合伙人自居，你是独当一面的高潜力人才，还是使命必达的超级执行者

OKR 金句 ●

OKR 为有能力、有意愿更上一层楼的员工提供快速崭露头角的舞台，并让他们在绩效评估中得到报偿。

许多企业导入 OKR 的目的之一，是辨识人才。前文提到的 OKR 团队运作的四大步骤，是部门领导和人资部门观察员工表现及员工展现意愿和能力的最佳机会。

对身处 OKR 组织的员工来说，要想在组织中顺利地发展，首先必须知道，OKR 有别于其他管理方式，对部门和个人有 2 种不同的定位。

（1）农场主。这是替自己争取一亩地的概念。在这一亩地上，你要种什么？怎么种？是自己种，还是找别人一起种？怎么收成？何时收成？对此你拥有较大的决定权，但也

要对产出结果负责。所以你必须预想在过程中可能遇到什么障碍或困难，以及你准备用什么解决方案来应对。

（2）合伙人。OKR 组织重视跨部门合作和个人合作，强调共同目标和命运共同体的概念。所以，应视合作的一方为合伙人，关注彼此的利益和资源的付出。

此外，OKR 团队的组成除了领导，还有两种类型的成员：一种是可以委以重任、独当一面的高潜力人才；另一种是听命行事、使命必达的超级执行者。

在常态的 OKR 组织中，这两种类型的成员都有生存的空间，但生存方式截然不同。下面将从 OKR 导入的两大阶段——目标制定与目标执行，来说明在各阶段必须了解的生存之道。

高潜力人才的组织生存术

对于高潜力人才，OKR 组织期望其拥有独立思考能力，能跳出框架、挑战自我，快速实现自我成长，追寻更大的舞台，发挥所长。因此，在目标制定与目标执行这两个阶段，作为高潜力人才必须做到以下几点。

目标制定阶段

1. 具备部门目标负责人心态

从目标制定阶段开始，你就应该争取自己发挥的空间。你必须摒弃"佃农——为人抬轿"的思想，转变为"农场主——目标负责人"的心态。为什么要争取成为目标负责人？若你是目标负责人，你就是农场主，拥有属于自己的一亩地，可以得到更多的资源，并在团队和高层主管面前得到更多展现实力的机会。但你也必须对目标的达成结果承担绝大部分的责任。

如果你的部门下设科、室、组等层级，即使你无法获选成为部门目标负责人，也要努力争取成为其他不同层级的目标负责人。目标层级越高，你的重要性、曝光度越高，资源也越多。

如何成为目标负责人？

首先，展现自下而上的心态。在部门目标制定过程中，领导说明公司战略目标和部门发展重点方向后，你要从部门职责和功能的角度，从领导的视野高度，思考部门应该定什么目标，如何与公司战略和目标联结。同时，你要能具体说明这个部门目标要改变什么、为何要改变、如何改变，以及改变后会带来什么影响。你可以参考制定目标的四大纵深，先分析并评估企业内外部挑战、市场趋势、竞争对手动态，以及区域商业环境的变化。

其次，充分准备"少就是精"的目标 PK 赛。你要准备上擂台 PK，争取成为部门 3 个 O 和 9 个 KR 的目标负责人之一。为了 PK 成功，你应该思考以下问题。

（1）你提出的目标对公司和部门的价值是什么？是贡献当年度的业绩，还是能开拓新局，具有中长期的战略效益？

（2）若你提出的目标在之前几个年度曾执行过，那今年持续执行的价值是什么？不执行会怎样？执行之后的影响力是什么？如何执行才能将影响力扩大？你的目标能否强化与其他部门的合作关系？能否提高所属部门在公司的定位与价值？

其中对影响力的说明特别重要。若你能说服领导和团队成员，目标完成后将对公司和部门产生关键性的影响，那你所提的目标极有可能成为部门目标之一，而你也将有机会成为目标负责人。

2. 具备合伙人思考逻辑，获得跨部门合作的承诺

绝大部分具有视野的目标，都需要跨部门合作才能完成。因此，你要确认执行目标需要什么资源，谁拥有这些资源。确认潜在合作对象后，你必须以合伙人的心态思考对方为何要和你合作，彼此需要对方做什么，达成目标后，对方可以获得什么，如何让对方愿意配合你的方向和节奏，拿出资源来与你合作。不要轻易请公司高层当你的说客。成熟的 OKR 组织运作，除非是关系到公司战略层级的目标，CEO 或高层领导极少插手安排跨部门合作。

3. 展现令团队信服的 5 项能力

这 5 项能力包括业务理解力、他人同理力、差异评估力、未来预测力、整合执行力。

目标执行阶段

若你已顺利成为目标负责人，恭喜你。接下来在目标执行阶段，主管将期待你展现出担责与公开透明的心态和行动。这时，你应该怎么做？

（1）将目标进度与达标率定期在系统中更新，并坦诚面对检查。

（2）摒弃"一个指令、一个动作"的心态。领导希望你思考发问，提出有价值的建议。若目标进度落后，你要主动挖掘原因，提出解决方案，寻求领导和团队的支持。

（3）与团队沟通交流时，必须聚焦于里程碑与目标的达成，以及问题分析与解决，让领导感受到你的责任心与进取心。同时你要学习如何提高沟通效率，无论是系统信息反馈，还是面对面交流，都要秉持"坦白、讲重点"的原则。

以上是锻炼你在 OKR 团队中出类拔萃的必经之路。在这个过程中你必须随时提醒自己具备农场主与合伙人的心态。领导期待你是一个能思考、会沟通、善执行，能够独当一面、坦然面对的人才。

超级执行者的组织生存术

你或许是高潜力人才，但若无法成为目标负责人，那你必须成为使命必达的超级执行者。作为执行者，在 OKR 团队中要如何生存呢？请把握以下两大要点。

全力配合 OKR 组织的制度规则

（1）了解公司战略和目标的意义与影响。在部门目标制定过程中，提出你的想法与观察。

（2）清楚你执行的目标和产出的结果对公司和部门的贡献与影响是什么。

（3）按时提交工作周（月）报。

（4）在系统中定期更新目标进度和达标率。

（5）养成登录系统查看自己部门和其他部门业务动态的习惯。

具有使命必达的执行力

借助 OKR 组织的运作方式，领导很容易辨识出你的工作心态和投入度。若你的角色是协助某个目标的执行，你应该视自己为目标负责人的左右手，让目标负责人和领导认同：把这件事交给你执行，大家都放心。所以你必须清楚以下几点。

（1）部门的季（年）度目标是什么？

（2）你的工作任务对团队 O 或 KR 达成的影响是什么？

（3）你所贡献的团队目标目前的进度如何？离目标达成还有多远？如果进度落后，你将如何协助？

OKR 团队成员必须具备的五大担责特征

无论你是高潜力人才还是使命必达的执行者，都可以使用以下 5 大特征来评估自己是否融入 OKR 团队运作，也可以将其作为评估自我成长的指标。

（1）基于事实：基于事实评估，验证信息的可靠性。

（2）挖掘问题：针对事实，挖掘关键问题。

（3）勇于担当：坦然面对、勇于负责的心态与作为。

（4）解决困难：面对问题，寻求资源，提出解决方案。

（5）主动沟通：积极参与目标制定、执行合作、解决问题等环节的交流与反馈。

第 **4** 章

全观式合作——OKR 的合作策略

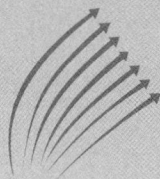

跨部门合作：你该如何拥抱它

从人性出发，实施跨部门合作的三大心法，建立合伙人心态

> **OKR 金句** ●
>
> OKR 组织重视人的心理，跨部门合作不仅要照顾对方的"面子"，更要重视对方的"里子"。

跨部门合作是 OKR 组织四大策略中挑战度最高的，它涉及自我利益和部门的本位主义，是最考验人性的一环。身处动态竞争的时代，企业无不强调跨部门合作的重要性。那么，究竟应该是勇敢地拥抱它，还是巧妙地避开它？

我经常在辅导企业的过程中询问学员的意见："如果你或你的部门可以独立达成目标，你愿意与其他部门的同事合作吗？"表示愿意的学员往往超过一半。

但有一次某位企业的总经理当着自己下属的面，直言不讳地说："如果我不是总经理，我宁可自己完成目标。"

"为什么呢？"

他回答："第一，合作的结果会不会影响我的绩效？如果做得好，我会不会升职？能不能加薪？第二，如果与对方合作，使我没时间兼顾手头的工作，会有人来帮我吗？第三，若之前没有和对方合作过，我不知道能不能合作愉快。如果大家的工作方式与思考模式不一样，该听谁的？这里面有太多的不确定性了。这些复杂的问题，在谈合作之前，很难有明确的答案。"

无论大家说的是场面话还是真心话，遇到跨部门合作，都会斟酌各自的"面子"和"里子"。

但即使不想碰这个议题，似乎也避不开。因为组织部门功能的划分，正是希望部门之间密切合作，能让组织效益最大化。而站在下属的立场，若有选择，你支持跨部门合作吗？前文谈到制定目标时必须考虑目标的影响力和挑战度，一个人的资源和团队的资源，两者相比，哪个能够支持高挑战度的目标？哪个影响力较大？答案已经很明显了，你只能拥抱它。

从人性中找到合作的利基

回到组织运作的日常，跨部门合作经常是个噩梦。人们希望达到 1+1>2 的效果，但事实往往相反。跨部门合作频频触礁，是什么原因？应该如何解决？

英特尔每年都会召开总部的事业部业务启动会议，其中有个环节是派驻在各大区的代表用 1 小时分享其所负责区域上年度的工作总结和新年度的工作方向。

有一年是北美地区的代表压轴出场，这是他在英特尔工作的第 3 年。他的演示内容只有一个英文单词：TRUST。他不管议程的规定，整场只谈"信任"。

他说："我的目标需要和在座的各大区代表合作才能达成，但可能大家对'信任'的认知没有共识，彼此的信任程度不够，所以我们去年的合作不顺利，我的目标最后没有达成。"我在台下听了后，回想上年度我为何没有将与他合作的项目列为优先目标。

有人认为企业只要落实目标的上下联结、左右对齐和信息的公开透明，就能解决跨部门合作不顺畅的问题。但实际上还差临门一脚，即关注人的心理需求。

我问学员："如果你是一家门店的负责人，每笔花销都来自你的口袋。在付出资源前，你会先考虑获得什么利益吗？"

"当然呀，我一定会考虑回收报酬。"

我继续问："如果大家是打工者，不管你是主动合作还是被要求合作，你会先考虑获得什么好处，再决定投入吗？"结果超过 80% 的学员表示不会先谈好处。

我好奇地追问："为什么门店负责人和打工者的想法不同？"答案很有趣。

"因为我们整个企业就是一个团队，不需要那么计较，所以不会先谈好处。"

我又问："那大家上班是来交朋友的，还是想获得自己努力后应有的报酬？"此时大家面面相觑，答案也就不言自明了。

部门本位主义盛行是许多企业的痛点。大家开会谈合作时，往往嘴上说没问题，但开始合作后就不是那么回事了，常常推三阻四，甚至较劲竞争。说好的"一个团队"，这时怎么消失了？为何结果"口惠而实不至"，甚至感觉遭到"背叛"？理由很简单，因为采取合作行动背后的利益不够大。如果利益足够大，就有了合作的动机，合作行为就会被诱发。这一简单的人性心理学，却很少被应用在组织运作中。

那年我没有将北美地区代表的合作项目列为优先目标，确实是因为合作达成后，对我所负责的区域没有任何利益。许多跨部门合作失败的关键原因，是人性的"要面子，最终更要里子"。这一人性心理无可厚非，但为何不坦率点，先谈谈"里子"呢？跨部门合作要想成功，关键是先让参与的成员知道合作达成后的好处是什么。

打破壁垒，实行跨部门合作的三大心法

要打破部门之间的壁垒，必须先了解跨部门合作的三大心法。

（1）各部门要有共同的目标，才能成为一个团队。"你的部门目标又不是我的，我为什么要尽心尽力达成你的部门目标？"若跨部门合作没有共同目标，各部门势必"各自为政"。

（2）各部门要能"各取所需，互蒙其利"，才能谈合作。在合作前先思考一个问题：共同目标达成后，彼此能获得各自的利益吗？很多跨部门合作都是由领导主导的，但不是每

个领导都能妥善分配各部门的利益。如果不清楚目标达成后能否获得自己想要的那份利益，你还会持续全心全力地达成跨部门目标吗？

（3）先有合作动机，再谈信任。信任是重要的，但跨部门合作第一个要考虑的不是信任，而是彼此能否各取所需，互蒙其利。先确定共同目标和各自利益，再谈信任，之后再评估彼此过去的绩效评价、思考行为模式、资源整合等问题。先定利益，再谈信任。这也符合商业环境"合伙人"与"跟着合同走"的逻辑。

厘清自己的角色：是支持还是对等合作

了解跨部门合作的三大心法后，要想让跨部门合作顺利进行，还需要调整自己和对方的定位与心态。

OKR 组织的运作强调农场主与合伙人的定位。要鼓励有能力、有效率的部门或个人，无论其工作职责是什么，都不应只扮演等待指示、支持他人的角色，而要从让职责发挥最大价值和效益的角度主动制定目标，并以目标负责人的身份说服领导和其他部门提供支持。即使是后勤行政部门，对于将资源分配在哪些跨部门合作的目标上，也拥有选择的权利。而选择的关键考虑点，是目标对公司、部门、个人的影响力，而非内部的人情压力。

先问自己一个问题："我是为了别人的目标而工作，还是与他人一起努力实现我们共同的目标？"当今组织管理的趋势是后者。两者之间最大的差异是目标负责人。

目前绝大部分企业采用的是"支持配合"的思路。不难发现，规模较大或较受高层重视的部门，会不经意间对其他部门持有"你要配合我""以我的意见为准"等心态，而忽略跨部门合作的本质与目的。

在不少跨部门合作中，人们总是产生嫌隙，这往往是心态的问题。此时不妨问问自己："这个目标是我可以独立达成的吗？是否需要对方支持才能达成目标？"你需要与之合作的一方，一定拥有你欠缺的资源或价值。所以，OKR 组织的跨部门合作，强调"合伙人"的关系，所有合作部门与个人的定位和价值都是平等的。

然而，受到本地文化与组织运作的影响，许多团队成员不习惯合伙人的做法，仍以支持配合的角色自居。我建议"支持配合"与"合伙人"合并实施，因为后者可以有效减少跨部门合作的本位主义。

谁能与我同舟共济

寻找潜在合作对象的四大技法，落实跨部门目标对标

OKR 金句

在 OKR 运作成熟的企业中，一旦目标制定完成并被批准，各部门将"照表上课"，没有多余的资源来支持与目标无关的工作。

寻找潜在合作对象的四大技法

当你掌握了跨部门合作的三大心法后，下一步要寻找合适的合作对象，则必须清楚四大技法，如图 4-1 所示。

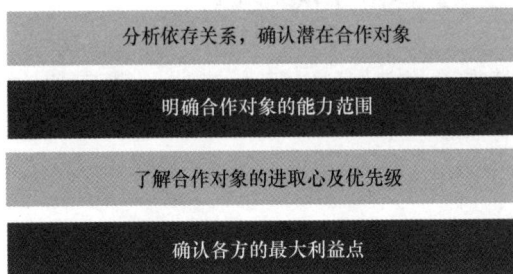

图 4-1 寻找潜在合作对象的四大技法

技法 1：分析依存关系，确认潜在合作对象

评估目标的达成需要什么资源。部门或个人有这些资源吗？若没有，谁有这些资源？拥有这些资源的人就是你的潜在合作对象。

技法 2：明确潜在合作对象的能力范围

人们可能有这样的误解：资源是某部门长期拥有的，不会改变。例如，去年技术部门完成 A 目标，但不代表今年技术部门依然保有相关的资源。当你评估与技术部门合作达成类似去年的目标时，必须确认对方目前拥有你需要的关键资源。他们目前的能力如何？能否扮演好你期望的角色？如果没事先厘清这些问题，等到开始执行目标后才发现对方的能力和资源不足，就会给目标的达成带来很高的风险。

技法 3：了解潜在合作对象的进取心及优先级

OKR 组织的跨部门合作是合伙人思维模式。因此，在提出合作前，你必须确认对方的动态：今年对方最关注什么？是积极地想升职加薪还是想获得管理高层更多的关注？他是愿意接受挑战度高的目标，还是只想安稳度日，抑或是已经打算跳槽了？若对方有很强烈的进取心，他的前 3 个目标是什么？达成后可能的影响力是什么？而你提出合作的目标达成后的影响力能否超越他原本的目标影响力？

技法 4：确认各方的最大利益点

为了说服对方合作，你需要准备一份建议书，内容应包括以下几点。

（1）合作目标的背景与掌握情况。

（2）预估目标达成结果、需要的资源与支持、风险与挑战。

（3）目标完成后，对公司、双方部门及个人的影响和价值。

将这3项说明清楚后，必须再次确认目标达成后的影响与价值，即是否能达到"各取所需，互蒙其利"。为此，可以采用投资与报酬的概念，谈论彼此要付出什么、想获得什么、可能获得什么。这个沟通是双向的，不是任一方唱独角戏，关键是了解对方如何看待这项合作。这是一个开诚布公、务实陈述的过程，而非相互吹捧、硬将彼此合作理想化的过程。

为何必须制定跨部门目标

若与潜在对象达成合作意愿，接下来进入制定跨部门目标的阶段。为什么必须制定跨部门目标？举一个我的亲身经历来说明。

我在英特尔中国区服务初期，曾负责一个试点项目，目标是将英特尔和合作伙伴的产品和服务集成为一个解决方案，在客户的工厂进行测试。该项目需要技术人员的支持。

当时技术人员刚从我的团队转移到技术部门，于是我私下请了一位交情不错的技术部同事来协助我完成这个项目。

一个月后他表示没法再帮我了，因为他被领导指派去支持一个立即有营收的项目。之后他撤回了支持，造成项目延期，而我完全找不到其他资源协助。

最后项目交期延误，客户和合作伙伴怨声四起，我当期的目标达标率受到重大的影响。

在这个案例中，关键失误是什么？是这个项目并未被列入技术部门的目标中。

跨部门目标对标：案例说明

别忘了一点，即使你执行了之前提到的四大技法，获得了合作方的承诺，最终仍需要确认对方是否将承诺白纸黑字地写入目标中。为什么？因为如果对方不将承诺列入目标中，就不需要在公司内部系统中公开，接受进度检查，自然也与绩效评估无关。在这种情况下，对方有可能不重视这个目标。

那么，部门之间应如何对标，才能让彼此的目标对齐呢？

我当时所在的部门，其使命是与具有市场影响力的伙伴建立战略合作关系，提升公司获利能力。部门的战略是将合作伙伴的产品和服务进行技术集成，形成完整的解决方案，进行市场推广。其中的关键在于技术集成，因此获得技术部门的资源支持是我执行战略的必要条件。

接下来我思考如何说服技术部门与我部门合作，于是我找到对方的主管，想了解他对自己部门发展最关注的是什么。这位部门主管当时具有高度的进取心，想提高部门的曝光度，让公司高层肯定他们的价值。

后来我发现，重量级的合作伙伴可以协助技术部门提高其在公司内部的曝光度。于是我将 O 定为"建立具有市场影响力的合作伙伴关系"，将 KR 定为"将 A 产品整合在前三大云服务厂商任一家的云服务平台上，并通过媒体宣布双方合作"。

我将这个目标内容作为建议书，顺利地获得了技术部门主管的同意。他同意的关键在于我提议的合作对象限于百度、阿里巴巴、腾讯、亚马逊等具有巨大影响力的公司。他认为参与这样的目标可以快速提升其部门在整个组织中的曝光度。

最终技术部门定下的 O 是"与具有市场影响力的合作

伙伴进行技术对接", KR 是"成功整合 A 产品在前三大云服务厂商任一家的云服务平台上，且技术适用率达到 80%"，如图 4-2 所示。

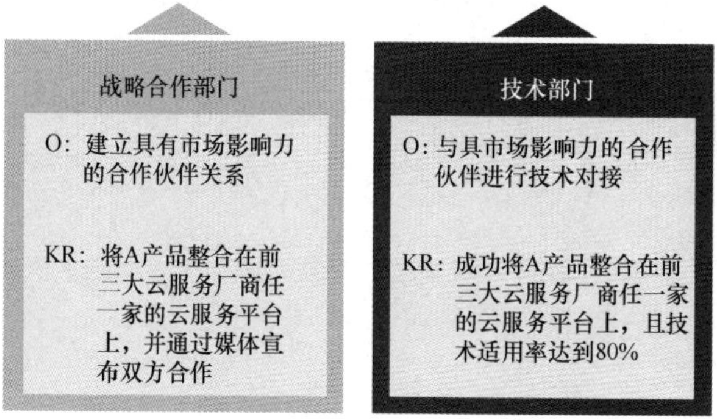

图 4-2　案例：跨部门目标内容对照

这 2 个 O 的内容虽然并不完全一样，但有交集，都聚焦于"合作伙伴"。我关心的不是对方的 O，而是 KR 内容中的"整合 A 产品在前三大云服务厂商任一家的云服务平台上"。因为唯有 KR 对齐了，对方的资源才会到位。

总结以上内容可知，形成跨部门合作的 3 个步骤如下。

（1）依据自己的目标，寻找公司内部的潜在合作对象。

（2）了解潜在合作对象的想法、意图及目标优先级。

（3）找出双方利益的共同点并沟通，让彼此的 KR 对齐。

请记住，只要你的目标具有影响力，能被公司高层肯定，能为组织部门带来重大贡献，要获得其他部门或个人的合作就不是难事，对方甚至会主动表达合作意愿。因此，跨部门合作是一个不需要你放低姿态，而是站在平等的地位，和未来合伙人交流合作的过程。

当你在公开透明的组织中运行 OKR 时

OKR 系统应具备哪些信息和功能？信息公开透明的优缺点是什么

OKR 金句

缺乏公开透明的系统支持，OKR 导入只算做了一半。

之前谈到 OKR 的三大精髓之一"公开透明"，是指团队成员将工作目标、进度、完成结果、内外部合作伙伴、客户信息、过程中的挑战与风险等信息，定期在公司内部系统中更新，并让核心团队或公司全员查阅。

但为何要将信息公开于内部系统中？如果不这样做，在比对上下级目标内容的联结性，以及检查目标执行进度的过程中，必须借助档案、邮件和笔记等。当你的组织规模是 10 ～ 20 人时，除了更新查阅信息比较耗时，似乎没有特别不方便。但如果是一个上百人的团队，假设 1 季度设定 1 次目标，那 1 年至少有上千笔记录，若不使用系统，查询和检查过程就非常吃力了。

此外，若未将信息在内部系统中公开，你将很难实时地了解其他部门或同事的工作方向与目标进度。

一般具有一定规模的企业，如果没有公开信息的系统，通常只有部门领导才清楚其他部门的动态。除非部门之间各个层级交流频繁，否则你可能制定了与其他部门类似的目标，做了同样的工作。更糟糕的是，如果没有沟通，很可能会造成彼此的计划行动互相冲突，不但浪费资源，还损害公司形象及内部和谐。

我在英特尔的第一份工作是负责与外部软件厂商的商务技术合作。有一天我与一家软件厂商的会议结束，离开时巧遇其他部门的同事，他正要拜访这家合作伙伴。

他好奇地问我："你和这家厂商有合作？"

我说："是呀，我来和他们谈 ×× 解决方案的事。他们要求提供最新的样机供测试用。我正发愁怎么弄呢。"

他扑哧笑出了声："这家厂商与我们合作好几年了，只要有最新的样机，我们都会提供给他们。他们已经有了我们最新的样机。"

之后我登录了公司内部系统，看到了这位同事所在部门与这家厂商历年来的活动记录。

这个案例说明了企业内部信息公开透明的重要性，也强调了 OKR 团队必须养成登录内部系统查阅信息的习惯。

如果企业导入 OKR 时没有系统支持，信息不公开透明，信息流通不够实时全面，将造成沟通和跨部门合作的障碍，当然也无法打造能够动态调整的战斗团队。这样的 OKR，只能算导入了一半。

OKR 系统需具备哪些信息及功能

OKR 系统需要具备的信息

OKR 系统需要公开两部分信息。

一是公司层级的信息，包括以下两项。

（1）企业愿景、使命、战略、大事记、公司层级的目标内容。

（2）部门组织架构，包括各部门人员姓名、职责、联系方式等。

二是部门层级的信息，包括以下两项。

（1）各部门 3～5 年内的项目资料，包括项目负责人姓名、工作事项、客户窗口、相关业务及技术等信息。至于需要展示多长时间内的信息，可依照企业需求和行业属性决定。

（2）各部门不同层级的目标内容、进度、完成率，合作部门的窗口及负责事项，客户及外部合作伙伴等信息。

OKR 系统应具备的功能

OKR 系统应具备以下几个功能。

（1）目标动态呈现：展示公司、部门及个人层级的目标内容，以及跨部门合作的内容。

（2）关键词搜索：可以快速有效地搜索使用者关注的内容。

（3）实时更新：对于全球或区域性经营的企业，系统信息的实时性至关重要。

（4）留言板：为核心团队及其他部门员工提供讨论建议及交流的园地。

（5）查阅存取的权限：依照公司文化及信息的机密等级，设置用户权限。

信息公开透明的优点

OKR 组织要求所有员工都将目标内容上传至内部系统，并允许核心团队成员或所有正式员工查阅其他部门的目标，甚至是 CEO 的目标（可依企业文化及行业属性设置查阅人员的权限）。这样做的优点有两个。

强化目标的上下联结与左右对齐

公开透明的信息不仅可以有效检验你与上下级目标的关联程度，也可以验证你的目标与整个组织的关系。例如，你的 O 和 KR 是否与领导的契合？是否能联结公司的战略和目标？是否能联结其他部门的目标？

以图 4-3 为例，假设你是某公司中国区产品事业部的一员，该事业部的目标是"产品对接 ×× 电信的云平台"。你可以从内部系统中查阅自己的目标是否联结上级（全球产品事业部）的目标，同时了解到，如果完成目标，不仅能帮助达成上级的目标，也能支持中国区销售事业部提高云服务营收的目标，更能对总部战略目标做出贡献。

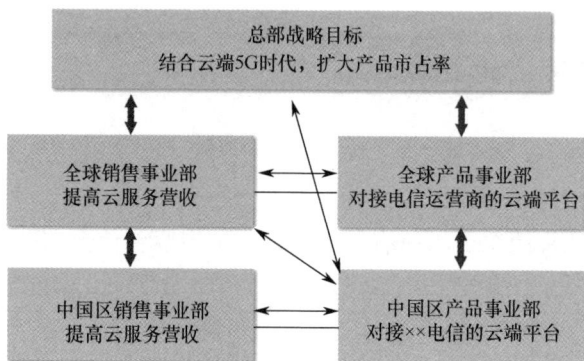

图 4-3　验证自己的目标与公司、部门目标的关联度

因此，通过查阅系统信息，所有员工都可以了解自己的目标与公司、部门目标的关联度，判断自己的贡献对公司和部门具有哪些意义及价值，这将有助于团队凝聚行动和思想。

避免跨部门合作因本位主义而产生猜忌和矛盾

如果公开目标内容进度，你就能够知道其他人正在做什么、怎么做、为什么这么做，也能实时了解对方的工作方向、优先级、进度和遇到的困难与挑战。如果双方合作的进度结果不如预期，彼此也能客观地面对，减少不必要的摩擦。

信息透明化的缺点及应对之道

信息公开透明，会给 OKR 团队和个人带来负面效应吗？有以下几个可能性。

（1）有些组织的竞争氛围浓厚，钩心斗角之事时有发生。有人或许从内部系统中了解你或你的部门的目标后，会从中作梗，让你做不好事，但这种案例极少。若真遇到这种情况，部门领导必须向团队强调信息的公开透明对企业的价值是什么，以及为什么对团队重要。

（2）信息公开透明考验团队成员的心理素质，这对部分员工可能会产生负面影响，但对整体团队的竞争力会产生正面的影响。

信息公开后，在内部系统中能查阅到每个部门或个人目标的进度与达标率。在 OKR 导入初期，有些员工的目标达标率不如预期，感觉面子上挂不住，无法坦然面对。但 OKR 团队公开透明的运作，让员工的表现与努力程度全都摊在阳光下，最终将培养出大家只问"自己是否尽力"的坦诚心态。

（3）我在英特尔工作时，曾有一位其他部门的同事在内部系统中看到我的季度目标。他提议下季度与我在不同的客户端合作达成同样的目标。我当时拒绝了他的提议，因为我已经为下季度安排了其他目标。但对方不死心，一直通过领导和其他关系游说我。

因此，我曾想："如果目标不在内部系统中公开，我就能按自己的节奏和计划做事了。"不过换个角度思考，对个人的职业发展来说，维持良好的人际关系也至关重要；和对方合作，或许能让更多人看到我的专业和能力，未来能给我带来更多的机会。这个问题见仁见智，就看你如何评估职场中的机会和风险了。

第 **5** 章

扩展式反馈：OKR 的反馈策略

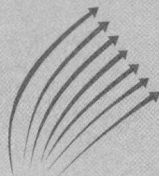

领导与下属之间对话反馈的重要性

以频繁的OKR过程反馈来提升团队绩效

> **OKR 金句**
>
> 缺乏与绩效评估配套的OKR，其效果将如昙花一现，无以为继。

OKR是激励团队提升绩效的催化剂，在激励团队的过程中也需要润滑剂。领导与下属之间的对话反馈，就是润滑剂。

反馈的重要性

知名市场调查机构盖洛普曾经针对领导与下属的反馈进

行过问卷调查，有以下几个重要发现。

（1）领导如果很少或几乎没有给予下属反馈，那么他与 98% 的下属都是没有交集的。

（2）很少甚至从没收到领导反馈的下属，40% 有主动离职的念头。

（3）提供反馈时，专注于下属优势的领导，所得到的下属信任度，比没有提供反馈的领导高出 30 倍。

（4）大部分领导提供反馈时，都专注于下属的缺点。

以上调查结果说明，下属是需要反馈的。你对下属反馈的频率与内容，和下属对你产生的信任息息相关。你多久向下属反馈一次？是怎么进行的？下属认为有效果吗？

OKR 组织是基于"自下而上、少就是精、公开透明"这三大精髓运作的，因此团队实施的反馈机制、内容和做法与其他管理方式大不相同。

反馈的效益

OKR 组织通过团队进度会议、一对一会议、邮件、周（月）报及公开系统信息等方式，让下属获得频繁的反馈。这些反馈会对团队的绩效提升和绩效评估产生什么影响？

（1）可以让下属在短时间内得到领导及同事的意见和建议，及时了解自己的表现。

（2）可以让团队绩效评估更加完整、全面。OKR 组织实施的每种反馈方式都有书面记录，这些记录是绩效评估时的重要参考信息。

在领导与下属的绩效考核面谈中，最理想的场景莫过于下属收到符合自己预期的考核结果。英特尔每年 4 月举行绩效考核面谈。除了新人或即将离职的成员，我和每个人的面谈时间通常不会超过 15 分钟。甚至有些下属要求不安排面谈，只需用邮件将考核报告发给他们就好。因为在工作过程中，他们已经从各种反馈信息中预测了自己大致的考核结果。

这些反馈信息来自 OKR 团队的日常运作。例如，制定部门目标时，成员是否提出了建设性想法？审核目标的品质时，是如何说明目标达成后的影响力的？在 OKR 组织运作的过程中，所有团队成员都可以清楚地观察到每个人意愿和能力上的差异，也能了解自己的表现是否符合领导的期待。

在目标执行过程中，团队持续以会议、邮件、工作报告、系统信息等方法，进行领导与下属之间的对话反馈，让下属知道自己工作表现的定位和价值，以及领导和同事对自己的期待与看法。这些都是对员工绩效的持续管理。因此，对于一个 OKR 运作成熟的团队，团队成员不需要等到年终就能预测自己的绩效考核结果。

OKR 团队的沟通反馈：你是主动沟通还是等领导沟通

OKR 团队进度会议要怎么开？首重"聚焦"

OKR 金句

　　谁是目标负责人，就由谁负责发起 OKR 团队的沟通反馈。

　　OKR 组织的沟通反馈和一般管理模式的最大差异在于，目标负责人不同。过去，部门领导几乎是部门所有目标的负责人，主导绝大部分的对话和沟通；而 OKR 组织的部门目标，一般情况下由下属担任大部分 O 或 KR 的负责人，因此必须由下属主动负责相关的沟通反馈。

　　若部门领导继续主导对话沟通，对 OKR 组织有什么坏处吗？许多领导在导入 OKR 初期，带领团队"自下而上"地制定目标，奠定了不错的基础；但在反馈沟通过程中，特别是在目标进度的检查讨论中，依然按照过去"自上而下"的方式主导。这样做，将摧毁之前努力培养的 OKR 团队基础。部门领导必须学习将自己的角色从"主导"转换成"引导"，协助下属和团队达成目标。请注意，此处的沟通反馈仅指与 OKR 目标相关的沟通反馈。

许多部门领导一开始会不适应，担心下属不会追踪进度、主动沟通。但 OKR 的成功案例验证了一件事：只要激发了员工的内在动机，再以绩效评估作为配套措施，身为目标负责人的下属会自动自发地进行和目标相关的沟通反馈。领导不必担心，也不需要像过去那样花大量时间来监督下属。

OKR 团队进度会议怎么开

OKR 团队进度会议是重要的沟通交流活动。该会议重视"聚焦"，以下将从议题聚焦、人员聚焦、行动聚焦 3 个方面来说明。

议题聚焦

会议的目的是确保目标达成，会议议题要聚焦于追踪进度，也就是追踪里程碑是否达成。会议中的四大主轴包括确认落后指标、找出落后原因、提出解决方案、分配任务行动。首先要找出哪些 KR 是落后指标，然后针对这些指标为何落后及如何解决进行讨论。

实施要点如下。

（1）会议上只讨论目标进度现状、落差分析，以及对应的解决方案和行动任务，不谈论其他团队例行维运事务。

（2）目标负责人不需要逐条说明各个 O 和 KR 的背景与进度，直接讨论进度落后或有疑义的部分。

（3）OKR 目标的思考核心是"每个里程碑达成了，目标最终就达成了"，因此，召开会议是为了追踪目标的里程碑是否达成，而不是追踪目标的结果是否达成。OKR 团队进度会议是过程思维，而不是结果思维。

（4）是否需追踪目标相关的行动任务，要视目标的层级而定。如果是部门目标，一般不需要追踪。但如果进度严重落后，或者相关成员的心态和行为有问题，造成进度落后，可以检查任务列表的实施情况。

人员聚焦

如果部门目标的负责人是领导，KR 的负责人是下属，会议主席则由领导担任，但会议的真正主角是每个 KR 的负责人——下属。

实施要点如下。

（1）会议主席（领导）与目标负责人（下属）的发言时间以 3∶7 的比例最合适。OKR 导入初期，若不适应，可设置 5∶5 的时间比例。

（2）参与目标执行的其他部门员工应一并出席会议。为什么？因为他们是合伙人，也是目标负责人之一，必须共同面对目标进度检查，一起寻求领导和其他同事的支持。

（3）参会者必须是与议题有关的核心团队成员。若参会者和部分议题无关，可分段出席。

行动聚焦

会议重视事前的充分准备，节奏明快清晰，时间以不超过 90 分钟为宜，最好掌握在 60 分钟内。

实施要点如下。

（1）会议召开 24 小时前，召集人和目标负责人必须发出会议目的、议程及议题的相关材料，所有参会者必须在会议前阅读材料。这是 OKR 团队的纪律，领导必须监督执行。

（2）参会者清楚会议目的、议程及自己扮演的角色。参会者做好在会议中提问和解答的准备，而非作壁上观，或者以"我们回去研究，尽快给大家答复"来回应。

（3）事先与议题关键人（利益相关方）沟通。目标负责人如果希望提案能在会议中通过，最好事先获得议题关键人的支持，避免在会议中遭遇阻力。

目标负责人在会议中不仅要陈述事实，更重要的是能针对落后指标，提出解决方案，并决定相关的后续行动任务。谁负责什么？什么时候完成？这是会议结束前必须总结确认的内容，也是会议记录的重点。下次会议将追踪行动任务是否如期完成。

OKR 团队进度会议要具有成效，首要之务是强化团队对"传递的信息要具体，决议的行动要经过确认"的认知。另外，在会议上"讲重点"，也是 OKR 团队必须加强练习的功课。

图 5-1 是 OKR 团队进度会议评量表。大家可在会议召开前后做好准备并评估目标达成情况。会议主席可邀请其他部门员工协助观察会议的进程，给予建议和意见。

项目		内容说明	达成指数 （1—10）	观察意见建议
领导职责与角色		宣达企业内外部动态及高层指示摘要		
		扮演协调支持角色		
		授权		
		专注聆听并了解下属报告的内容		
		具体响应问题		
目标负责人职责与角色		简洁说明目标背景		
		进度说明突出宪点与落后点		
		说明目前达标率		
		说明风险：变数、数据支持等等事项		
		资源支持要求等事项		
		下阶段行动计划与目标符合密切关系		
		24小时前提供会议目的、议程、材料		
准备		参会者清楚会议目的、议程、角色		
		就敏感合作议题，与关键人事先沟通		
		参会者会前阅读材料、准备问题与评论		
		会议室安排（空间、议程展示）		
		演示软硬件设备（投影仪、白板、麦克风、计算机、应用程序……）		
过程		主持人简洁开场		
		参会者的交流方式（理性、坦率）		
		临时动议时间安排时（排除外在干扰）		
		出席者专注参与		
收尾		会议总结		
		具体追踪事项（负责人、任务、日期）		
其他		会议时间控制在60~90分钟		
		会议记录24小时内寄发（专人办理）		
		参会者互动投入		
总结		会议具有架构组织性		
		会议品质：诚实、授权、确认		

图 5-1　OKR 团队进度会议评量表

OKR 领导反馈法

领导／下属如何进行一对一会议？领导有效引导的四大步骤

OKR 金句 ●

OKR 团队的一对一会议是由下属召开的。

刚到英特尔工作时，公司为我安排了一位导师。他强调一对一会议在英特尔的重要性，并反复提醒我："记得安排和领导的一对一会议。"而在我之前的工作经历中，都是领导找我沟通，如果让我主动找领导，我根本不知道要谈什么。

于是我用一个月的时间做试验：如果我不主动，领导会不会来找我？那个月，领导除了群发邮件、分享组织和市场动态、出席团队例会，和我没有任何互动。后来我明白，领导为什么放心不来找我，即使当时我是新人。

　　领导的信心来自，在 OKR 组织三大精髓"自下而上、少就是精、公开透明"的运行下，团队成员能自然地培养出担责的态度和行为。这样的运作机制能让下属聚焦目标，有承诺感，让领导以定期进度会议、工作报告和公开系统等方式，掌握团队实时且真实的工作情况。除非个别成员有心态调适的问题，领导需要主动关切，否则绝大部分的下属遇到困难时，都会主动寻求领导的协助。

　　因此，OKR 团队的一对一会议是由下属召开的。领导的责任是维持畅通的沟通交流机制，鼓励下属主动对话，让一对一会议成为团队日常运作的一部分。一对一会议让下属与领导有近距离交流"心里话"的机会。英特尔前总裁安迪·格鲁夫曾说："领导只要花 90 分钟与下属会面，就可提升下属未来 2 周的工作质量。"根据我的经验，2 周是平均值，有时效力长达 1 个月，但有时只有 7 天。具体的差异取决于领导和下属之间的互动、下属的能力及工作内容的紧急 / 重要程度等。

　　一对一会议的目的是教学相长和交换信息。领导将经验和知识传授给下属，下属将市场和目标执行的第一手信息带给领导。双方对于一对一会议应该分别有什么样的心态和准备呢？

下属必须具备的心法与技法

下属必须做好以下准备。

思考如何配合领导达成目标

企业内外部环境瞬息万变，公司和部门的目标及执行计划是否调整了？你不妨主动询问领导是否有这样的情况，以及你该如何配合。

思考希望领导如何协助自己达成目标

（1）若你目前的目标进度因为市场突发的不可抗力事件或因为目标制定时过于乐观而不如预期，可利用这次会议来寻求领导的建议。但请领导指导支持之前，对于阻碍达成目标和里程碑的原因、有哪些解决方案、需要什么资源等议题，你要有想法，同时收集佐证资料，只有这样，和领导讨论时才能产出有效的解决方案。

请注意：一对一会议不是让你向领导报告进度，因为领导从团队例行追踪的机制中已经知道进度了。你应该带着问题、想法和领导交换意见。若你没有想法，而领导又不熟悉你的目标领域，那么这样的会议是无效的。

（2）向领导提供有价值的信息。很多人认为自己接收到的市场信息对领导不一定有价值。不同区域、职级或职务功能的人，对同一信息的解读不同，所产生的价值也不一样。我曾经在会议中将合作伙伴在亚太区的市场动态告知美国的领导，他从美国总部的角度提出了分析和看法。像这样彼此之间的信息反馈，对团队或个人目标的达成是有帮助的。

领导该如何看待一对一会议

在一对一会议中领导的角色是引导者与协助者。"下属需要我协助他做什么？我该如何协助他？"你必须引导下属在会议中畅所欲言，让其针对目标绩效和团队运作的情况、遭遇的挫折与挑战，以及对工作前景的规划或疑虑等议题，说出心里话。为了达到会议效果，你必须先与下属确认议题，做好相关准备，提供有效的建议和指导。

在一对一会议中，领导应抱持的心态是："下属不需要凡事都向我报告。"OKR 团队若能做到"自下而上"和"少就是精"，下属的积极性和自律性自然会提高。你可以利用已有的追踪机制掌握团队工作情况。若有下属习惯事无巨细地向你说明其工作进度，你必须适时提醒、纠正，请他直接说重点。

一对一会议该如何准备？如何进行？ 如何总结？可以参照图 5-2 所示的评量表。请注意，OKR 团队的一对一会议发起人是下属，领导的职责角色是了解情况、提供协助建议。

领导如何进行有效的引导与反馈

典型的一对一会议方式是双方简单寒暄后，直接进入主题。若下属不熟悉一对一会议的运作和氛围，你可以提出以下问题来引导他。

（1）你的目标进行得如何？

（2）哪些进行得顺利？

（3）哪些进度落后？遇到了什么样的挑战与困难？

（4）需要我怎么帮你？

项目	内容说明	达成指数 (0~10)	观察意见建议
领导职责与角色	专注聆听下属报告		
	具体响应问题		
	会前阅读材料，准备问题与评价		
	引导、协调，支持角色		
	探究客观事实、遵免主观评价		
	了解目标进度，协助下属达到目标		
	引导选择评估，授权下属，不做指示		
	确认下属下阶段行动计划		
	协助下属下阶段行动计划		
下属职责与角色	简要说明目标背景		
	进度说明		
	说明目前目标与预估达标率、风险与变数		
	提出资源，支持要求		
	下阶段行动计划与目标的关联性		
	提出对领导有价值的市场信息与反馈		
	24小时前提供会议流程、材料：依据事项		
	说明会议质量：依据具体事项，符合SMART原则		
过程	下次会议时间安排（包括具体时间）		
	会议室安排（空间、议程展示……）		
	演示软硬件设备（如投影仪、白板、麦克风、计算机、应用程序等）		
	下属简洁开场，切入主题		
	主题：目标进度落后指标/未来规划		
	参会者对话方式：理性、坦率		
	会议时间控制在60分钟内；专注参与（排除外在干扰）		
	会议记录24小时内构组织性发（由下属寄出）		
总结	会议具有架构组织性		
	下属坦诚：满意度、挫折、阻碍、对未来的怀疑		
	会议品质：诚实、确认		

图 5-2 一对一会议量表

在进行会议前，建议参考领导引导对话的标准作业程序（Standard Operating Procedure，SOP）。为什么需要 SOP？试想，如果你对下属的工作表现不满意，或者他最近有负面消息，你是否会不自觉地将这些负面消息投射在对话过程中？SOP 可以让你在会议中保持对人与事的客观性，以保证对话的质量。

接下来我以自己的案例来说明 SOP 的实施步骤，如图 5-3 所示。

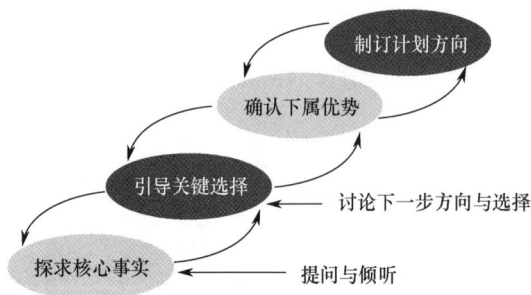

图 5-3　领导引导反馈的 SOP

第一步：探求核心事实

在英特尔工作期间，我曾负责一个物联网项目，当时定的战略方向是"与云服务厂商缔结战略合作关系"，选定的合作对象是亚马逊云服务（Amazon Web Services，AWS）。

在会议中，我的美国领导对我说："我看了最近的市场报告，中国区最大的云服务厂商是阿里云，是吗？你能不能说明为什么选择 AWS？"

我回答："没错，阿里云在中国的企业云服务市场的市占率是第一名。但我们刚进入物联网市场，市场影响力不够；若和阿里云合作，我们将被要求拿出比预期更多的资源投入，这是我们还没有准备好的。而 AWS 是当前全球市占率最高的，但它刚刚进入亚洲市场。从战略角度来看，我们与对方的起点比较相近，进程与期望比较一致。所以，我认为 AWS 应该是我们目前首选的合作伙伴。"

在这一步，领导以提出关键问题和探究事实的方式，引导我说出市场现状，了解我的思维逻辑，而不是一开始就质疑我的选择。在这一步，领导要做的是提问与倾听。提问的内容依据不是猜测，而是市场事实。

第二步：引导关键选择

与 AWS 合作了 6 个月，当初的目标已顺利达成。我正在思考是否深化与 AWS 的合作关系。随后在与领导的会议中，我说明下阶段在中国市场的生态经营计划，领导也分享了总部最新的物联网战略，以及全球其他区域的发展情况。

领导说："我们的战略方向很清楚。你可以选择继续与 AWS 深度合作，也可以选择与其他厂商建立合作关系，甚至有其他的想法也可以提出来讨论，决定权在你手里。"会议结束前，他提醒我将这个议题排入下次会议。

在这一步，领导的职责是引导关键的选择，作为下属思考下一阶段目标方向的重要依据。

第三步：确认下属优势

2 周后，我告知领导，我倾向先以"多点开花"的模式建立生态。在与 AWS 合作之后，开展与阿里云、华为云的合作关系——虽然目标的挑战度很高。

这时他问道："距离年底只有 6 个月的时间，你有信心达成目标吗？"

我回答："不容易，但我努力试试。"

随后他说了一句："根据这 2 年来我对你的观察，特别是从去年我们做的软件联盟项目来看，你有能力在相对短的时间内建立新的合作伙伴关系。"

接着他提醒我："物联网市场更新迭代的速度很快，你要密切关注政府政策及市场发展的变化。"

在这一步，领导要注意，对下属提出评价时，要说出这个评价背后所依据的事实。分析下属的优势，不能只从下属过去的表现来分析，要放眼未来，结合企业内外部环境的变化考虑。最后要确认下属对自身优势和目标掌握的评估是否与你一致。

第四步：制定计划方向

在和我针对下阶段的方向达成共识后，领导请我提出业务计划。他先在总部与相关部门进行讨论，取得反馈后，在下次会议中与我一起讨论定案，我再据此制定相关目标。

领导通过引导和反馈，明确告诉下属其哪些行为与思路值得鼓励，哪些优势特质获得了认可。因此，采用 SOP 的目的，除了避免将个人主观情绪带入会议，更是协助下属实现自我成长。

OKR 团队重视的是扩展式反馈，是在自上而下与自下而上的交互中，扩展目标制定和执行的深度与广度。领导要学习引导的技巧，在不同的情境下，采用合适的方式向下属提供反馈。下属必须不断提升对业务和市场的了解度，在沟通对话中，提出见解、疑问和需求。

　　若领导和下属问答的质和量都有所提升，就可以确认这个团队正走在正确成熟的 OKR 实施道路上。因为 OKR 团队深知：对话反馈的质量反映了团队的素质，而对话反馈的效率决定了企业的兴衰。

第 **6** 章

以终为始的"最后一千米"：

推动 OKR 落地

导入OKR时的常见"十问"

摆脱迷思，策略性导入OKR

> OKR金句
>
> OKR导入须依照企业体质与需求进行"客制化"，不是只使用理论和表格就能收到效果的。

1. OKR是取代KPI及其他管理方式的一套机制吗？

OKR与KPI的差别到底在哪里？两者的出发点都是达成目标、提升绩效，但进一步细究，你会发现两者的不同之处。

传统概念中的KPI，给了团队和员工相关指标，但并不重视目标的价值、影响及达成的方法和步骤。若企业将KPI作为员工升职加薪的主要指标，将导致员工只关心"领导要我做什么？我是如何被考核的"，而忽略了"为什么要制定这个目标？达成目标的意义和价值是什么？"

反观 OKR，它以企业战略为蓝图，将执行战术与里程碑的概念融入其中。另外，OKR 强调内在动机，以绩效评估为配套，在 OKR 的制度与规则下运作，强化团队的自我驱动和自我管理能力。因此，OKR 不仅重视结果，更关注过程中人与事的发展。

有一家应用材料企业的人资部门主管问我："我们公司的组织管理战略和执行方式与你说的 OKR 很相似。但我们用的是 KPI，有必要再导入 OKR 吗？"我回答他："你们实务上已经是 OKR 的管理模式了，不需要再特别导入了。"

过去很多人认为，实施 KPI 的企业只给团队下达指标，不说明指标达成的影响与价值，忽略指标的执行方法与过程，也不重视人才培养。这些印象其实不完全正确，事实上有越来越多的企业采用 OKR 的精髓和策略，所以 OKR 与 KPI 是可以融合并行的。套一句 CPU 的用语，只要用对了"内核"，叫 OKR 还是 KPI，其实没那么重要。

2. OKR 目标达成结果，能不能与绩效评估挂钩？

市面上各种书籍和文章，几乎一面倒地主张 OKR 不能与绩效评估挂钩。若强行挂钩，下属不会制定高挑战度的目标，因为如果目标达不成，绩效将受到影响。不过据我了解的导入 OKR 颇有成效的本土企业，以及我在英特尔的经历，

OKR 团队的运营都是和绩效挂钩的。

不妨思考一下，企业用 OKR 的思路制定最重要、具有影响力的目标，也用 OKR 组织的机制来执行目标。如果产出的结果不与绩效挂钩，企业是否有别的方式激发员工的动力？大家还会将 OKR 当回事吗？如果不将 OKR 作为绩效评估的基础，还有其他更具代表性的评估基础吗？

OKR 是让有能力、有意愿、有心更上一层楼的员工展现更强烈的进取心，并通过年度绩效评估得到报偿。OKR 强调员工内在动机的展现，但从本土企业与社会氛围来看，若没有绩效评估的外在动机支持，员工的内在动机是无法持续的，这是人性使然。

我在英特尔工作时，所在的部门将目标结果与绩效和奖金挂钩。每个季度末，员工提出目标达成的证明文件，作为绩效评估的依据。英特尔评估员工表现的维度包括目标达成结果、价值贡献度，以及个人优势潜力等因素。

若员工完成的是上级交付的承诺型目标，即使 100% 达成，一般情况下绩效评级也只是及格。及格代表什么？代表这名员工第二年还能留在公司，但基本没有机会升职。若想升职，员工必须提出参与挑战型目标，而且目标的达成结果是对企业和部门具有中长期价值和影响力的。

3. 导入 OKR 后，现有的绩效评估制度需要调整，以及 OKR 能简化绩效评估的过程吗？

导入 OKR 并不需要改变现有的绩效评估制度，但可以考虑调整部分实施办法，鼓励团队勇于接受挑战，重视目标的影响力和挑战度。

有一家企业是这么做的：将目标的权重（影响力）、挑战度与个人的绩效和奖金联系起来。假设员工 A 本季度有 3 个 KR，加总权重是 100%，他和主管同意所有 KR 的挑战度为 3，对应的奖金系数是 100%，完成所有 KR 的全额奖金是 10000 元。若所有 KR 的完成率都是 100%，他可以领到全额奖金 10000 元；若他的 KR1 权重为 40%，达标率为 60%，他从 KR1 中得到的奖金则是 10000（总奖金）×40%（权重）×60%（达标率）×100%（奖金系数）=2400 元。

这家企业的 CEO 相信，高挑战度目标的达标率虽然比较低，但相较于低挑战度的目标，员工所展现的能力和贡献是高一个层级的。因此，为了提高团队的挑战意愿，他按照挑战度的升级，提高奖金系数，但要求达标率至少为 50%。

若员工 A 的 KR1 挑战度从 3 提升到 4，他的奖金系数将从 100% 调高到 150%。但因为目标挑战度比之前高，达标率降到 50%。最后他完成 KR1 所获得的奖金是 10000（总奖金）×40%（权重）×50%（达标率）×150%（奖金系数）=3000 元。相较于挑战度低的目标，他可以领到更高的奖金。

将目标与绩效、奖金联系起来的实施办法，应考虑企业体质与组织氛围，也必须随着企业内外部环境的动态变化而调整。

除此之外，OKR 还可以简化绩效评估的过程，让绩效面谈更顺利。怎么做？

OKR 组织人才辨识的逻辑是这样的：从制定目标开始，想更上一层楼的团队成员必须做好 PK 的准备。谁提出的目标内容被管理层认定具有高影响力和价值，谁就是 OKR 目标负责人。目标负责人若能交出令人满意的执行结果，企业将通过绩效评估对其进行论功行赏。而当年 PK 中的落选者，来年依然可以卷土重来。

以上所提目标的 PK 或目标执行复盘的过程场景，部门全部员工都能参与，同时大家都能在公司内部系统中查询目标的产出结果。OKR 的组织运作和绩效评估，强调的是事实与证据，而且是公开可验证的。

所以，在一个成熟的 OKR 组织中，当一个部门的年度目标拍板定案，各目标的负责人确定后，该部门员工就能猜出来年可能升职的候选人是谁了。但最终能否顺利升职，还要看目标负责人在执行过程中所展现的能力，以及产出结果。

4. OKR 必须全员实施，以及所有人都要制定 OKR 目标吗？

所谓的"导入 OKR"，不单指以 OKR 的思考方式制定目标，更是指以 OKR"1 核心 +2 方针 +3 精髓 +4 策略 +5 能力"的方法论来运营组织。但在组织中实施 OKR 的对象与力度，因部门功能属性和员工职责能力的不同而有所差异。

例如，"制定视野目标"这个策略，选定的目标负责人的职务和能力必须能够对目标的执行与结果负责。若不能负责，他就不能成为目标负责人，也就不需要制定 OKR 目标。在生产线负责装配工作的员工，如果只负责执行，那他们需要制定目标吗？不需要。

组织中大部分部门的员工都适合制定目标。有些员工执行力非常强，然而在制定目标时都是参考上级的目标内容，稍微修改后就成了自己的目标，并没有突破创新的想法。组织最终确认他们是听命行事的风格，不具备部门要求的思考能力，定不出具有视野的目标。

我在英特尔的团队中有30% ～ 50% 的成员属于这种情况，但他们有的在英特尔工作了十多年。OKR 组织是如何看待这类员工的？执行力很重要。员工若只有执行力，在

OKR 组织里当然可以留用，但不适合担任管理职位。

实施 OKR 可以培养具有创新思考能力的员工，并锻炼他们的执行力。我期待 OKR 团队的所有成员都有意愿和能力定出高质量的目标。但若不成，必须确认大家都在 OKR 组织规则和氛围下运作。

5. 我的企业员工素质不高，没有担责心态，适合导入 OKR 吗?

以下是我和一位 CEO 的对话。

CEO："我听你提到导入 OKR 能提升团队担责的心态和行为，我觉得我们很难实现这一点。"

我："怎么说?"

CEO："那是外企的员工素质比较高才做得到。我们本地企业员工的素质和外企比差了一截，没法做。"

我："OKR 是在过程中激发员工内在动机，发挥自驱自律的担责精神。你觉得你的员工没有内在动机，没有自驱自律的可能性?"

CEO："倒也不是，但就是没有你们外企的水平。"

我："你真的觉得我进外企之前，做事的心态比你的团队好? 你以为我进入英特尔之前会自己设定目标，愿意主动解决问题? 那是环境造成的，是 OKR 的组织管理方式提高了员工的素质。"

CEO："但我大部分的主管都是执行导向的，对市场没有开拓性思维，也没有太多想法。你认为我公司适合用 OKR 吗？"

我："人员素质高低是一回事，OKR 没有规定只有素质高的企业才可以用。OKR 是用来协助你优化组织、提升团队与个人素质和效率的。"

许多考虑导入 OKR 的企业，担心员工素质不高，没有担责心态，因此打了退堂鼓。到底是先有担责团队，然后才能导入 OKR，还是借着 OKR 的导入，建立担责团队？

OKR 可以培养团队成员自驱担责的文化。怎么做？OKR 以内在动机为起点，以绩效考核为配套，通过设定目标的过程，辨识出有视野和思考力的员工，这是第一轮筛选。之后通过执行目标的过程，辨识执行力强的员工，这是第二轮筛选。所以 OKR 也是人才辨识的机制，企业实施 OKR 并走上正轨后，团队员工自然能培养并展现出担责的行为和态度。

我曾经辅导一家外企药厂，该企业的制度氛围和 OKR 类似。导入 OKR 3 个月后，该企业明显感觉有了成效。而另一家成立超过 30 年的科技企业，则是在导入 OKR 6 ～ 9 月后才感受到了员工思考能力的提升。组织文化与员工素质确实会影响组织优化的速度，但它们不是导入 OKR 的必要条件。OKR 导入成功的关键，在于主事者的决心与认知，和企业规模、资源、人员素质几乎无关。

6. OKR "1 核心 + 2 方针 + 3 精髓 + 4 策略 + 5 能力" 方法论只适合某些行业、企业或部门，以及需要全部导入吗？导入的顺序是什么？

先来看看 OKR "1 核心 +2 方针 +3 精髓 +4 策略 +5 能力" 方法论可以解决企业的什么痛点，以及如何解决，如图 6-1 所示。

选项	痛点	应用精髓	执行策略	收获
1	上下级目标与战略不契合；目标多而不清，没有重点；目标内容不具备战略思维价值	自下而上、少就是精	设定视野目标	目标清晰，团队有共同语言，养成价值思考习惯
2	部门员工各为其主，资源无法整合	公开透明	联结部门合作	合作部门结合为命运共同体
3	信息不透明，沟通成本大		建立担责团队，强化反馈机制	团队心态转为坦诚开放，有利于合作发展

图 6-1　OKR 导入：确认痛点对应的精髓和策略，
分部门人员 / 阶段实施

假设企业的痛点包括：上下级目标和企业战略不契合；团队成员的目标内容沦为执行清单，缺乏战略思维价值；目标数量多，不知道哪个是关键目标。这时可以采用三大精髓中的"自下而上""少就是精"，搭配四大策略中的"设定视野目标"，让上下级战略与目标联结，让团队的价值思考能力得以提升，让团队成员聚焦于关键目标。

假设企业的痛点是"部门墙"，大家各为其主，资源无法整合，此时可以采用三大精髓中的"公开透明"，配合四大策略中的"联结部门合作"，让部门之间形成命运共同体，整合资源，专注于共同目标。

而以上提到的痛点是各行业、企业及部门普遍存在的。OKR 是组织发展战略，从目标设定、沟通反馈、跨部门合作等方面改善团队体质，解决企业痛点。除非你的组织体质好，没有这些问题，否则，OKR 适合所有行业的企业和部门，只是实施模块、方式和力度依组织需求与工作属性不同罢了。

然而，OKR 方法论的工程不小，需要全部或同一时间导入吗？这取决于企业的体质，也取决于企业想改善的痛点的优先顺序。

例如，有些企业表示，它们愿意先导入三大精髓中的"自下而上""少就是精"，没有同时导入"公开透明"的原因，是企业体质还不合适。又如，对于"1 核心"——人才辨识，企业在导入过程中，对领导与员工的能力意愿进行辨识和了解，但随后并没有采取"2 方针"——向上提升、适才适所，这或许是企业在面临经营压力的情况下不得不做出的妥协。

在执行 OKR 方法论的每一刻，管理层都能感受到团队改变的效果，但也会迎来改变的阵痛。OKR 的导入可以像看中医一样，循序渐进，不会伤筋动骨。若想进展得快一点，可以像看西医一样，打针吃药；或者更急一点的，可以动手术，把一切推倒重来。导入的方式和节奏完全可以依照企业体质与追求目标的速度而调整。

除非是新创立的企业或新设立的部门，想大刀阔斧地进行改革，否则不建议全部同时导入 OKR 方法论。你应该先清楚为什么要改变、想改变什么，以及要改变成什么结果等，再结合本书描述的每个精髓与策略的实施条件和效果，与你的团队现状和组织发展方向进行核对评估，之后再决定如何导入。

OKR 方法论的导入顺序，一般建议从三大精髓的"自下而上""少就是精"和四大策略中的"制定视野目标"开始。

7. 为什么 OKR 实施一段时间后，感觉又做回了 KPI？

OKR 的导入，需要灵魂与躯壳并重。我看到有些企业在内部沟通交流时，常将 OKR 挂在嘴边，但目标的质量和团队运作的方式与导入之前没有两样。这是导入失败的写照，只剩 OKR 的躯壳，而灵魂回到了 KPI。对 OKR 的认知和做法不正确，以及主管的心态行为没有调适到位，是 OKR 导入失败的常见原因。

（1）上下级目标的关联，以拆解 O 或 KR 的方式承接，而未从联结的角度思考。组织中常见的情况是下属"复制 + 粘贴"领导的目标内容，完成目标的制定。此时领导必须表明态度，严格把关目标内容，要求员工再思考，再挑战自己。如果员工依然无法改变，领导可以得出一个结论：这名员工没有想法，就看他的执行力了。这也是团队进行人才辨识的过程。

但如果领导睁一只眼闭一只眼，久而久之，团队中就会出现杂音："导入 OKR 不就是弄张新的表格，让我们将以前的 KPI 搬到这个表格中吗？真无聊，劳民又伤财……"

（2）在跨部门合作、打造担责团队、和上下级沟通反馈的过程中，领导沿用过去自上而下的心态，忽略 OKR 组织"农场主"和"合伙人"的定位，忘了适时授权给目标负责人（下属），并将自己调整为引导、辅助角色。这将严重地破坏在目标制定阶段好不容易培养的自下而上的团队氛围。

（3）未落实"1 核心"（人才辨识）与"2 方针"（向上提升、适才适所）。许多企业执行三大精髓和四大策略的过程十分到位，但遗憾的是，有些企业忽略了这个过程是人才辨识的最佳时机，未能准确、翔实地辨别和记录团队成员的5项能力表现。有些企业虽然执行了人才辨识，但碍于企业文化或人情包袱，之后未采取"向上提升、适才适所"的措施，导致无论员工的工作表现如何，彼此绩效评估的结果都差异不大。这会将团队打回原形，走回"吃大锅饭"的老路。

8. OKR 可否先在单一部门试行导入，以及若在单一部门实施，如何实现部门之间的合作？试行部门如何规避其他部门对 OKR 进度的影响？

企业在评估导入 OKR 的阶段，可以挑选单一的部门，或者以 CEO 与向其直接汇报的部门领导（只限领导）结合成一个部门试行导入。

如果是单一部门试行，将难以采用 OKR "公开透明"的精髓和"联结部门合作"的策略来推进部门之间的合作，因为必须所有合作部门都实施 OKR 才有效果。但以 CEO 与向其直接汇报的各部门领导结合的试行部门，则没有这个问题。

试行部门要规避其他部门对本部门 OKR 目标进度的影响并不容易，除非试行部门的目标可以独立完成，或者关键资源掌握在自己手上，否则其他部门未实行 OKR，缺乏合作的内在动机，大家不在同一条船上，试行部门目标达成与否取决于其他部门,后果堪忧。

9. 导入 OKR 时必须使用系统,以及使用系统的正确观念是什么?

我在企业的需求访谈中了解到有 2 家企业,一家是大型金融机构,另一家是国际知名的计算机生产大厂。它们在导入 OKR 时并未进行任何相关的培训与咨询,而是直接使用 OKR 软件系统。它们认为按照这一方式可以达成预期的效果,但就目前来看,它们的 OKR 进度是停摆的。

导入 OKR 需要使用系统吗?只要导入系统就能让团队聚焦、合作、担责、提高绩效吗?系统只是 OKR 组织运作的辅助工具,关键是看 OKR 组织的运作机制建立了没有。

OKR 的导入分两个阶段:制定目标和执行目标。而 OKR 系统是目标复盘和沟通的工具,对执行目标有极大的帮助,但和制定目标的质量没有关系。

建立系统不难,难的是如何让所有员工养成使用系统的习惯。例如,定期更新信息,登录系统查看与其他部门合作的机会,主动在系统中对同事或项目留言反馈。还有一个难点是如何通过使用系统来发展 OKR 团队重视效率的组织文化。例如,领导在系统中了解所有的目标进度,若没有关键问题需要厘清或讨论,当期的团队进度会议就不需要开了。

另外，还需要关注 OKR 系统设计的逻辑是否与 OKR 组织运作的精神匹配。例如，OKR 达标率是否可被视为目标产出的价值与影响力？ OKR 组织更重视目标的实质价值，而达标率只是一个参考值。

系统是静态的工具，而 OKR 之所以能加速提升绩效，关键之一在于活用系统。

10. 员工定不出具有价值的目标，团队无法自下而上地运作，是什么原因？我们该如何应对，从而打造具有内在动机的环境？

原因 1：员工不习惯自己定目标，不愿对目标做出承诺。

许多员工依然抱着"被雇用""拿工资"的心态，心想："让我提想法，提了之后，如果领导同意，我就要负责执行。还是别提吧。""难度超大的目标之前又没做过。如果没有足够的资源，完成不了，会不会影响绩效考核？还是保守点，不要挖坑给自己跳。"

建议方法如下。

- 提出想法的员工，不一定要当目标负责人。这样可以消除员工的心理障碍，鼓励大家提出想法。

- 在第一年导入期，主动提出挑战型目标，产出结果不符预期者，不列入绩效评估；符合预期者，得到奖赏。

原因 2：员工的能力不足。

团队成员长期听命行事，对企业内外部环境的理解不足，没有想法，给不出建议，无法正确判断目标的价值与影响力。

建议方法如下。

- 部门领导带头示范。许多员工学习了课程，但在撰写目标时，忘记了目标制定的准则。因此，除了顾问辅导，部门领导必须亲力亲为，向团队阐述明确的方向，凝聚大家对目标的共识，定期指导员工目标设定的要点。

- 在导入初期，不需要全员都制定目标，而是从部门领导、有潜力的员工和志愿者开始，目的是树立标杆，产生效果后，让其他员工效仿。

- 给员工一段合理的时间，进行脑力激荡，激发能力。

除了上述的建议方法，为了建立具有内在动机的工作环境，企业可依照以下 3 个方向进行规划调整。

（1）建立目标负责人制度：强化目标负责人的权利与义务。

（2）要求制定具有价值和影响力的目标：企业必须定期为团队提供相关的培训。

（3）调整绩效评估制度：支持团队成员持续展现内在动机。

OKR 导入三大建议

导入的流程、步骤、模式与关键原则

OKR 金句 ●

OKR 不能纸上谈兵，更需要实战操作验证，且 CEO 的以身作则是关键。

前文解答了管理者对导入 OKR 的十大疑问，接下来将进入实际的导入流程。如何导入 OKR？要坚持哪些原则？要避开哪些事情？

建议 1：OKR 导入前、中、后阶段你应该知道的事

OKR 是一项优化思考逻辑与执行策略的工程，强调实

务操作验证和动态细部调整。你必须关注每个流程的顺序与逻辑，以及项目的执行是否到位。OKR 导入流程如图 6-2 所示。

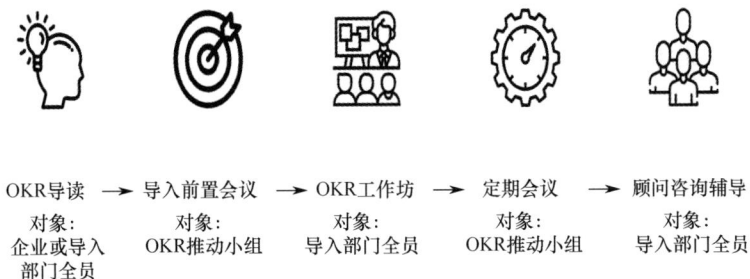

OKR导读	导入前置会议	OKR工作坊	定期会议	顾问咨询辅导
对象：企业或导入部门全员	对象：OKR推动小组	对象：导入部门全员	对象：OKR推动小组	对象：导入部门全员

图 6-2　OKR 导入流程

导入前评估

（1）OKR 是什么？与目前管理模式的差异是什么？

（2）组织运营的痛点是什么？哪些痛点需要优先解决？

（3）组织的体质如何？用什么力度导入 OKR？

导入中实施

（1）OKR 导读：通过让员工了解 OKR 的精髓与价值、导入方法、所需资源，凝聚高层领导和导入团队对 OKR 的认知与支持。

（2）前置会议：规划 OKR 导入的里程碑，并确认导入部门和成员名单。

（3）OKR 工作坊：以实战的方式进行目标制定，学习 OKR 组织运作方式。

（4）成立 OKR 推动小组，设置以下几个角色。

- 召集人：由企业最高领导担任。

- 负责人：推动 OKR 的执行，指挥调动各部门运作。建议由 CEO、COO 或执行副总裁等高层领导担任负责人。

- 推动委员：由各导入部门的最高领导担任，负责掌握部门的导入动态，与推动小组负责人、种子教练、外部顾问合作交流，贯彻部门的 OKR 实施流程。

- 统筹维运人：负责导入中后期的活动筹备与执行。

- 种子教练：由企业内部遴选 2 ～ 3 位具有肯定 OKR 价值信念、熟稔 OKR 内容运作、能坚持推动知识传授的员工担任。若企业聘请顾问协助建立机制，完成经验传承，顾问退场后，种子教练必须能接棒。

OKR 推动小组的角色设置如图 6-3 所示。

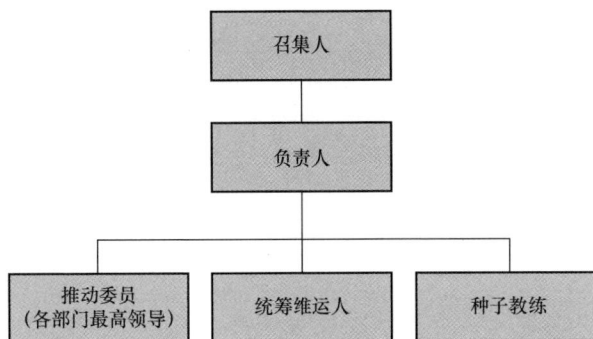

图 6-3　OKR 推动小组的角色设置

导入后复盘

（1）教练辅导：观察团队运作，定期进行小组与个人咨询，提供调整建议。

（2）OKR 发布会：公开宣达部门和个人的季（年）度目标，接受全体员工的建议与意见。

（3）团队检查会议：建议每月举办 1 次，目的是检查施行成效，调整强化措施，进行人才辨识。

（4）奖励精英活动：建议每季度举办一次，由导入团队竞选"最优秀部门奖""OKR 冠军""团队合作奖"等奖项。

建议 2：针对组织属性，选择导入模式

我观察到，英特尔在亚太区和北美洲区实施 OKR 的方式与氛围都不相同，为什么？因为每个地区的文化、社会制度、教育体系都不一样。虽然 OKR 的精髓是放之四海而皆准的，但是在执行上必须因地制宜，分团队、分批次、分阶段实施。本土企业导入 OKR，大致有以下 4 种不同的模式。

（1）CEO 带领高层领导组成试点团队，先行实施。熟悉运作后，再推广至各部门实施。这种模式常见于 CEO 有高度热忱、能全程参与且员工规模较大的企业。

（2）所有部门一起实施，但各部门仅有主管或高潜力的员工参与。这种模式常见于员工规模较大，但有历史包袱、改变阻力较大的企业。

（3）不分部门和职务级别，全员同步实施。这种模式常见于 50 人以下的企业。

（4）具有特殊属性的部门个别实施。这种模式常见于部门领导对 OKR 高度认同，但 CEO 未决定全员导入的企业。

部门的特殊属性包括以下几种。

- 面对的市场不确定性和变动率高。

- 业务属性复杂多元，需要实时调整。

- 领导者具有创新、开放、愿意突破、接受挑战等
  特质。

OKR 并不是全公司使用后才会产生效果。OKR 导入具
有感染效果，若多个部门和个人使用 OKR，通过跨部门合
作交流，将产生倍数级效果。

以上模式各有优点，你可以依照企业体质、需求、规模
及主事者的风格，选定合适的模式。

建议 3：领导高层必须以身作则

我见过成功导入 OKR 的企业，几乎都是 CEO 带头做
的。虽然他们不一定有时间全程参与顾问培训咨询的每个环
节，但会召集部门领导商讨公司战略方向，制定公司层级目
标，亲自审视各部门目标与公司战略方向是否契合，并通过
目标内容来观察部门领导与员工的能力和视野。

CEO 亲力亲为，无疑是在告诉所有员工："公司导入

OKR 是玩真的。"

我也见过另一种类型的 CEO，他们说："OKR 很好，我们来导入。"但他们只是口头支持，并不担任推动小组中的任何职位，没有实质性的推动支持，只交代由公司副总和部门领导负责，也没有设定公司层级的目标。当各部门制定目标时，往往会发现公司层级的目标只有总营收或获利金额可以参考。这样做，只具备了 OKR 的躯壳。

顺利导入 OKR 的关键，在于最高层级领导的以身作则，而不只是他们的精神与口头支持。建议主事者在导入 OKR 之前，先了解 OKR 的精髓，认同它的价值，亲自主导导入过程，与部门领导一起推动。

OKR 导入案例分享

OKR 对员工、企业主、领导、人资的价值

> **OKR 金句**
>
> OKR 方法论中的每个要素都是一个有效的工具，必须先做需求和情境分析，再决定用哪个工具。

OKR 可以帮助企业打造聚焦、担责、合作的文化，那么 OKR 能给企业各个层级带来什么样的价值呢？以下以实际案例来说明。

案例 1：OKR 对员工的价值——淘宝员工

OKR 团队重视创新、试错和纠偏的氛围，为成员提供

发展的基础平台。OKR 的组织重视"农场主"的概念，鼓励成员发表意见，制定目标，展现自己的意愿与能力。你若具有积极的进取心，想在职场上更上一层楼，你被看见和辨识的机会将大大提高。

在英特尔中国区工作时，我的部门曾评估采用电商模式推广业务，于是招募了一名拥有丰富的电商平台经验的员工，他之前在淘宝工作。后来电商模式不符合部门发展的预期，他的专长一直无处发挥，连续 2 年的绩效考核结果都不乐观。

后来，英特尔推出了一款插拔式笔记本计算机，我的部门目标是与一级软件厂商合作，将它们的软件内建在笔记本中。但锁定的合作伙伴大都以这款计算机刚上市、市场前景不明为由婉拒合作。这名员工知道这一情形后，自告奋勇，制定了挑战型目标，利用他的专长和资源，拿到了各大电商平台针对终端用户选购这款计算机的分析报告，最后成功说服软件厂商与我们合作。

正是 OKR 自下而上的团队运作模式，才让这名员工有机会展现能力，不仅帮助团队达成了目标，也让他之后在英特尔得到了更好的发展。

案例 2：OKR 对企业主的价值——科技制造业 CEO

在一项针对美国 23000 名全职员工的调查中，只有 37% 的员工很清楚公司计划做到什么程度，以及为什么要这么做；仅有 9% 的人认为他们的团队有清晰、可衡量的目标。我辅导的一家科技制造厂商，在导入 OKR 之前的情况和该调查结果类似。

这家企业的 CEO 提到的管理痛点如下。

（1）目标制定过程混乱，没有完整的内外部环境分析。

（2）部门目标执行的方向经常突然改变。

（3）目标的内容不清晰，对完成与否的定义很模糊。

（4）部门之间不知道彼此在做什么，沟通协调很费力。

"导入 OKR 后，我们以自下而上和自上而下的模式，将公司的战略方向与大家的目标结合起来。我们利用发布会和内部系统公开公司战略与部门目标，大家清楚彼此的目标。权责清楚后，语言也一致了，沟通也顺畅多了。"这位 CEO 如是说。

过了一年，我和这位 CEO 及人资部门领导聊天得知，他们有个从事半导体制造的客户来公司勘察工厂，大赞双方的沟通效率和解决问题的速度。对方问："你们的成员有参与目标设定吗？"

这位 CEO 告诉我："原来这名客户也用 OKR。这年头，做生意越来越重视企业价值与文化的门当户对。我们要求员工全程参与目标制定的过程，确实提高了日后执行目标的质量。这关乎上下游厂商及客户对我们的感受，也影响彼此的合作意愿。"

案例 3：OKR 对部门领导者的价值——系统集成商技术部门领导

一家系统集成商在销售上奉行"多多益善"策略，销售部门积极争取订单，无论客户背景和订单质量如何，能成一单是一单。而背后的"苦主"是负责执行交付的技术部门员工。他们几乎无法拒绝，只能照单全收，到头来每个人身上都扛了大量的项目，却说不出哪个项目能为公司带来实际的价值，有些项目最后甚至以极差的质量结案。

技术部门员工的无力感越来越严重，经常加班熬夜，感觉项目永远做不完，人员流失率逐渐升高。

技术主管说："我借力使力，基于 OKR 的'少就是精''公开透明'原则，根据内部系统中公开的信息，与业务部门讨论并评估每个订单的价值，如获利率、客户品牌效益等。之后员工对于接单交付、项目排程就有了判断依据。大家的工作情绪逐渐稳定了，人员流失率也降低了，我花在解决跨部门合作和人员协调管理问题上的时间少多了。"

案例 4：OKR 对人资的价值——互联网人资总监

一位移动互联网行业的人资总监提到了公司业务上的痛点："我们从同业挖来的销售主管听说在前公司战功彪炳。但他来了半年多了，业绩毫无起色。大领导不是很满意，要求我们 HR 选才时使用更好的方法。"

她接着说："我们实施 OKR 后，让全员开始对部门和个人目标提出意见，从中我们可以明显看出来哪些人有意愿，哪些人没意愿，哪些人对企业的内外部挑战能提出有价值的想法。OKR 的'3 精髓'和'4 策略'，对大家是一种实地实境的测试，可以真实地看出员工意愿和能力的高低。过程中的记录结合系统的分析报告，让我们的部门领导和 HR 部门在进行人才辨识与评估员工表现时，有了更完整的依据。"

OKR 能够让人资部门了解团队全员的战斗力，从而排兵布阵，组织一个更具效率的"作战部队"。